PARIS THÉATRAL

RECUEIL DE PIECES NOUVELLES

ET PANTOMIMES.

ALLONS-Y GAIMENT

REVUE DE 1856

en trois actes et quatorze tableaux

L'ANNÉE BISSEXTILE

PROLOGUE

DE

MM. GUÉNÉE ET CH. POTIER

PRIX : 60 CENTIMES

PARIS

DECHAUME, LIBRAIRE-ÉDITEUR, RUE CHARLOT, 57

1857

DECHAUME, Éditeur de **PARIS DRAMATIQUE**, rue Charlot, 57.

ALLONS-Y GAIMENT

REVUE DE 1856
EN TROIS ACTES ET QUATORZE TABLEAUX

L'ANNÉE BISSEXTILE
PROLOGUE
DE

MM. GUÉNÉE ET CHARLES POTIER

Décors de MM. Zari et Ch. Laloue. — Costumes composés et exécutés par Mme Dujardin.

Ronde nouvelle de M. MUSARD

REPRÉSENTÉE POUR LA PREMIÈRE FOIS, A PARIS, SUR LE THÉATRE DES FOLIES-DRAMATIQUES, LE 29 DÉCEMBRE 1856.

DISTRIBUTION.

PERSONNAGES.	ACTEURS.	PERSONNAGES.	ACTEURS.
LE SIÈCLE	MM. E. Viltard.	TOTO	Formose.
L'ÉLECTRIQUE	Markais.	GUGUSTE	Halserc.
2e MAMAN		LA FANTAISIE	Mmes Leroyer.
LE LUSTRE		L'ANNÉE BISSEXTILE	
L'HUILE-GAZ	France.	TITINE	Sophie.
1er FAUX-BONHOMME		GATEAU DES ROIS	Philippe.
L'ILLUSTRÉ		UNE SUISSESSE	Jarry.
RÉVEILLON	Fraisant.	L'OR	
LE DOCK		LE VAUDEVILLE	Emériau.
LE GAZ	Blum.	LA SOUSCRIPTION	Deschamps.
LA TRUELLE	Patonnelle.	Mme FROMAGEOT	Boisgontier.
UN MONSIEUR		CRINOLINE	
COPEAU	Utré.	L'ARGENT	Anaïs.
LE RÉGISSEUR		L'AFFICHE	
PRÉ CATELAN	A. Guyon.	UN-FRANC	
L'AVOCAT DES PAUVRES		LES VACANCES	Duvar.
CONCERT MUSARD	Belmont.	POUSSE-DE-L'AIR	
2e FAUX BONHOMME		ŒUF DE PAQUES	Laure.
PERCOLATEUR	Ringard.	DEUX-FRANCS	Clotilde.
L'HUILE	Jeant.	CINQ-FRANCS	
UN DROLE DE VIEILLARD		CINQUANTE-CENTIMES	Louise.
LE SOU BELGE		VINGT-CENTIMES	Henriette.
LE TÉNOR	Vavasseur.	LE CARNAVAL	Petit-Guyon.
1re MAMAN	Blondelet.		Nérant.

PROLOGUE.

Premier tableau.

LE PALAIS DU SIÈCLE.

SCÈNE PREMIÈRE.

LE LUSTRE, L'ANNÉE BISSEXTILE ET LES FASTES.

CHŒUR.

Air de *M. Oray.*

Pour recevoir l'an bissextile,
Qui pénètre dans cet asile,
Il faut accourir à la file,
Et, plein d'ardeur,
Lui rendre honneur.

L'ANNÉE.

Cette réception m'amuse,
Mais je me sens toute confuse;
Un transport si bruyant, si flatteur,
Touche mes oreilles et mon cœur.

REPRISE DU CHŒUR.

L'ANNÉE. *Tacet!* encore une fois, *tacet!* trêve à ces acclamations vocales! on vous *prendrait* pour une société d'orphéonistes.

LE LUSTRE. Nous ne saurions trop rendre hommage à l'Année 1856, une année qui a l'avantage d'être bissextile.

L'ANNÉE. C'est vrai, j'ai un 29 février, moi... je suis bissextile... tous les cinq ans, j'ai le droit de faire des bêtises un jour de plus que mes sœurs.

LE LUSTRE. Aussi, sachant que vous vous rendiez chez notre illustre souverain le siècle, moi, le Lustre, son brillant factotum, et les Fastes, ses illustres ministres, nous nous sommes empressés d'accourir sur votre passage.

L'ANNÉE. Ah! c'est vous qui êtes le Lustre! (*A part.*) Il me fait l'effet d'une botte d'allumettes. (*Haut.*) Quant aux Fastes du Siècle, je leur trouve un air néfaste.

LE LUSTRE. Ainsi, vous désirez parler à sa majesté le Siècle?

L'ANNÉE. Oui, je voudrais absolument le voir avant mon abdication.

TOUS. Son abdication!

L'ANNÉE. Sans doute, nous sommes au 31 décembre et je n'ai plus qu'un jour à régner.

LE LUSTRE. A régner! vous!

L'ANNÉE. Hélas!

AIR *de Marlborough.*

La chose est trop certaine...

LE LUSTRE.

Mironton, ton, ton, mirontaine!

L'ANNÉE.

Ma retraite est prochaine :
Faut-il subitement,
Moi qui m'amuse tant,
Rentrer dans le néant!

LE LUSTRE.

Montrez-vous plus sereine.

L'ANNÉE.

Mironton, ton, ton, mirontaine...
Je sens que ça me gêne
De partir comme ça.

LE LUSTRE.

Eh bien, vous n'avez qu'à
Vous adresser vite à
Celui qui vous entraîne.

L'ANNÉE.

Mironton, ton, ton, mirontaine...

LE LUSTRE.

Sa force est souveraine;

L'ANNÉE.

A qui donc, s'il vous plaît?

LE LUSTRE.

Au Siècle! lui pourrait
Vous sauver du déchet.

TOUS.

L'idée est souveraine,
Mironton, ton, ton, mirontaine...
Et vous pouvez sans peine
Approuver ce projet.

L'ANNÉE. Au fait, si je demandais au Siècle une prolongation d'un an.

LE LUSTRE. Il vous l'accordera facilement... votre période a brillé d'un assez beau...

L'ANNÉE. Lustre!... ménagez ma modestie!

LE LUSTRE. Pourquoi donc?... mais il me semble que personne n'a eu le plus petit mot à dire contre l'Année bissextile.

SCÈNE II.

LE LUSTRE, L'ÉLECTRIQUE, L'ANNÉE.

L'ÉLECTRIQUE. Personne! exceptez moi..... (*Coup de pistolet; les Fastes se sauvent.*)

TOUS. Toi!...

L'ANNÉE. Qui es-tu, toi?

L'ÉLECTRIQUE. Ton ennemi le plus acharné, ta chose la plus hostile, ta bête la plus noire, l'Électrique.

TOUS. L'Électrique!

L'ÉLECTRIQUE.

AIR *de la Galopade.*

Eh! oui, c'est moi!
Chacun subit la loi
Du magique
Électrique.
D'un bout du monde en un clin d'œil j'accours,
Je cours et je parcours;

Qui pourrait lutter
Avec ma course active
Et vive?
La locomotive
Avec moi n'ose disputer.
Ainsi que l'éclair
Je franchis campagnes,
Montagnes;
Sur un fil de fer
Je glisse au fin fond de la mer.
Dans tous leurs cours
Ces professeurs si lourds,
S'ils suivaient cette mode,
Auraient du moins une preste méthode
Et des discours
Plus courts.
La femme a vraiment
Mon système
Pour dire... J'aime,
Et le sentiment
Aujourd'hui marche rondement.
Aussi dans ses yeux,
Où l'étincelle
Se révèle,
L'ardent amoureux
Ne lit plus : retard ennuyeux.
Voyez l'argent,
Métal intelligent,
Paraître
Et disparaître;
Il se conforme en toute humilité
A l'électricité.
Qualités, attraits,
A ma voix docile,
Tout file;
Tendresse, regrets,
Tout s'en va par le train express.
Enfin, grâce à moi, j'ose prétendre
Qu'on peut rendre
Très-prompts les débats
Des juges et des avocats;

Aussi, ma foi!
Chacun subit la loi
Du magique
Électrique.
Du bout du monde en un clin d'œil j'accours,
Je cours et je parcours.

LE LUSTRE. Quel télégraphe!

L'ANNÉE. Il a le fil!...

LE LUSTRE. Électrique, qui vous a permis de

vous introduire ainsi chez le Siècle? on ne vous a pas dit : Entrez !

L'ÉLECTRIQUE. Est-ce que j'entre quelque part? Je franchis, je bondis, je vole, j'arpente, je glisse, je file...

L'ANNÉE. Au moins, expliquez-moi...

L'ÉLECTRIQUE. Est-ce que j'ai le temps de m'expliquer? Je n'ai le temps de rien...

L'ANNÉE. Pas même de m'apprendre pourquoi vous m'en voulez si fort?

L'ÉLECTRIQUE. Non !... si !... parce que tu es bissextile, parce que tu as un jour de plus que les autres et que j'abomine tout ce qui est diffus, tout ce qui est long ; parce que je voudrais que le Siècle ne durât que vingt ans, les années deux mois, les mois vingt-quatre heures, les heures deux minutes, les minutes un quart de seconde, et les secondes rien. Le temps, je le tue, je le dévore, je l'absorbe. Durer, mot pénible et inadmissible ! Qu'est-ce qui dure ?

LE LUSTRE. Mais... votre discours dans ce moment-ci.

L'ÉLECTRIQUE. C'est vrai ; je me ferai des coupures.

AIR : *Loterie*.

Rien ne dure (bis),
Telle est la loi du destin,
C'est l'arrêt de la nature,
Tout doit avoir une fin.

Fidèle à cette devise,
Ce grand confectionneur,
En livrant sa marchandise,
Pourrait dire à l'acheteur :
Rien ne dure.

TOUS.

Rien ne dure, etc.

Avec ton *ut* de poitrine,
Ténor, fais-toi vite un sac ;
Hâte-toi, car tout décline,
L'*ut* peut devenir un conac.
Rien ne dure.

Après dix ans de ménage,
Une femme, à son chéri,
Disait : Quel triste visage !
Dam ! répondit le mari,
Rien ne dure.

Dans les combats nos zouaves
Ont un succès mérité ;
Ne pas confondre ces braves
Avec ceux de la Gaîté !
Rien ne dure.

L'ANNÉE. Tu as beau dire et beau faire, j'espère bien obtenir de notre seigneur le Siècle, qu'au lieu de me faire venir tous les cinq ans, il me maintienne pendant toute la durée de son règne.

L'ÉLECTRIQUE. Ah ! je la trouve bonne, celle-là !... Comment, c'est à cette époque d'ébullition, au moment où l'impatience est générale, où chacun voudrait être plus âgé d'un an, au moment où les jeunes femmes ont des cheveux blancs et des rides, où les enfants de dix ans fument, se grisent et portent des moustaches, c'est au milieu de cette fournaise que tu voudrais faire adopter ta démarche et ta marche de tortue ? Non, non, je m'y oppose et ne crois pas que je sois le seul à lutter ; j'ai de puissants auxiliaires.

L'ANNÉE. Lesquels ?...

L'ÉLECTRIQUE. Les Fêtes de l'année qui sont furieuses de ce que tu les aies retardées d'un jour... (*À la cantonade*) A moi, mes petites fêtes !... venez protester contre cette accapareuse.

SCÈNE III.

LE LUSTRE, L'ÉLECTRIQUE, L'ANNÉE ET LES FÊTES.

CHŒUR.

AIR *de Rafaël*.

Fais appel à notre courage,
Nous saurons braver le danger,
Car, de l'An qui nous outrage,
Il faut aujourd'hui nous venger.

LE LUSTRE. Comment, ce sont là les principales Fêtes de l'année !

L'ŒUF DE PAQUES. Un peu, mon vieux ; je suis l'Œuf de Paques, un œuf bien rosé, bien doré, bien sucré, qui renferme une foule de choses : des dominos, des toupies, des feuilletons, des canards, des mélodrames, des femmes en sucre, des poupées, des bonshommes de pain d'épices, des contrats de rente et des coupons de chemin de fer.

L'ÉLECTRIQUE. Hein !... quelle jolie omelette on doit faire avec tout cela !...

L'ANNÉE. Quant à ce petit mitron...

LE GATEAU DES ROIS.

AIR : *Va-t'en voir...*

Je suis le Gâteau des Rois,
De longtemps je date ;
On est très-heureux, je crois,
Quand de moi l'on tâte :

Chacun reconnaît mes droits.
Je suis, on s'en flatte,
D'une bonne pâte.

L'ÉLECTRIQUE.

Oui, donnez-moi la pâte.

(Ils se donnent une poignée de main.)

LE GATEAU DES ROIS.

AIR : *Adieu, je vous fuis.*

Brioches, vol-au-vent, nougats,
Babas, tout contre moi conspire.
De ces fricoteurs d'embarras
Que peut me faire la satire ?
Je puis, arborant mon drapeau,
Sans que cela me compromette,
Jurer que jamais mon gâteau
Ne sera traité de galette.

LES VACANCES.

AIR : *Quand on veut*, etc.

Place aux joyeuses Vacances !
C'est l'époque du plaisir ;
De nos premières bombances
Ne perdons pas le souvenir.
Ce moment de paix et de trêve
Fertile en amusements,
Semble trop court pour les élèves.

L'ÉLECTRIQUE.

Il est trop long pour les parents.

TOUS.

Place aux joyeuses, etc.

Pour délasser chaque malade
J'ai les endroits les plus sains
Spa, Hombourg, Wesbaden et Bade.

L'ANNÉE.

Où l'on prend de fameux bains.

TOUS.

Place aux joyeuses, etc.

LES VACANCES.

Dans ces lieux où règne l'ivresse,
On gagne un teint florissant;
On y gagne de la jeunesse.

L'ÉLECTRIQUE.

Et l'on y perd son argent.

LE RÉVEILLON.

AIR : *Tout le long de...*

Moi, le Réveillon, j'eus toujours
Des gastronomes les amours.
Voyez mes boudins pour ceinture,
Mon petit cochon pour coiffure,
Me moquant du qu'en dira-t-on;
Je ne suis pas avare...

L'ÉLECTRIQUE.

Non !
On sait que l'avare, humble en sacrifices,
N'attache pas son chien avec des saucisses.

LE RÉVEILLON.

AIR : *De Paris la nuit.*

Ce vieux mois de décembre
Manque de volupté.
On reste dans sa chambre
Par le froid hébété.
Moi seul je le ravive
Avec un gai festin
Où l'aimable convive
Chante jusqu'au matin.
Vive le Réveillon !
Et faisons carillon,
Car l'on peut faire du bruit
Pendant toute la nuit.

TOUS.

Ohé ! ohé !
Oui, l'on peut faire du bruit
Ohé ! ohé !
Pendant toute la nuit.
Oui, l'on peut faire du bruit
Pendant toute la nuit.

(*L'orchestre joue une polka et le Carnaval exécute quelques pas.*)

L'ANNÉE. Qu'est-ce qui lui prend, à ce petit-là ?

LE LUSTRE. Comme il se trémousse !

L'ANNÉE. Il ferait mieux de nous apprendre qui il est.

L'ÉLECTRIQUE. Comment ! vous ne reconnaissez pas le joyeux Carnaval ?

L'ANNÉE. Le Carnaval ! en effet, il exhale une odeur de truffes et de homards.

LE LUSTRE *au Carnaval.* Assez ! assez ! il va se faire pincer.

L'ÉLECTRIQUE. C'est son habitude ; il n'a fait que cela toute sa vie.

AIR *des Amazones.*

Il est cousin de ce vin de Champagne
Qui fait du bruit en poussant son bouchon.

Dans la bouteille, on le sait, le vin gagne,
Et devient fort au fond de sa prison;
Il gagne encor du feu dans sa prison.
Au violon, si la garde l'emballe,
Amassant là le rire et la gaieté,
Il vous refait bien plus de bacchanale
Quand on lui rend après sa liberté,
Aussitôt qu'il a sa liberté.

L'ANNÉE. Ainsi, vous, des fêtes que j'ai réchauffées dans mon sein, vous êtes mes ennemies ?

TOUS. Oui, tes ennemies mortelles ! à bas l'Année bissextile.

CHŒUR.

AIR de *M. Oray.*

Qu'elle soit condamnée,
Et dans nos intérêts
Tâchons que cette année
Soit rayée à jamais.
Oui, pour jamais.

SCÈNE IV.

LES MÊMES, LE SIÈCLE.

LE SIÈCLE (*suite de l'air.*)

Ah ! quel bruit dans mon domicile !
Devrait-il être ainsi permis
Que chez un Siècle aussi tranquille
On poussât de semblables cris.

TOUS.

Calmons, calmons, cette colère,
Le Siècle est devant nous,
Il faut savoir se taire;
C'est notre maître à tous,
Oui, c'est notre maître à tous.

L'ÉLECTRIQUE. Comment ! vous êtes le siècle ? c'est incroyable !

LE SIÈCLE. Incroyable ! c'est le mot ; j'ai endossé le costume que mon père 1800 m'a légué, mais ce n'est pas une raison pour vociférer de la sorte ; c'est inouï comme on se conduit dans le XIX° siècle !... Je voudrais bien savoir si vous auriez beuglé comme ça sous le siècle de Louis XIV... Où est le Lustre ? Je demande que le Lustre vienne m'éclairer..... Voilà qui est singulier... je ne vois pas le Lustre...

LE LUSTRE. Par ici, grand Siècle...

LE SIÈCLE. D'abord, je te prie de ne pas me traiter de grand Siècle, comme au théâtre du Cirque.

L'ÉLECTRIQUE. Ça l'humilie...

LE SIÈCLE. Dis-moi plutôt ce que c'est que tout ce monde-là... (*Désignant l'Année.*) Commençons d'abord par cette bonne commère... Eh! mais... attendez donc... je la reconnais... c'est cette chère Bissextile.

L'ANNÉE. Oui, puissant Siècle, l'Année bissextile... que vous venez de sauver d'une bien vilaine passe... Si vous n'étiez pas arrivé si à propos, j'étais mise en capilotade.

LE SIÈCLE. Bah ! on voulait faire du bobo à maman !... tu n'as pourtant mal marché pendant tes douze mois... on a été généralement content de toi... Il y a bien eu... oui... après ça, on ne peut pas trop... enfin dans l'ensemble, je ne vois rien à dire... je leur répète la même chose tous les ans... ce n'est pas fort... mais ça ne compromet jamais... Ah çà ! qui donc ici voulait te faire des misères ?

L'ANNÉE. Les principales Fêtes de l'année....

LE SIÈCLE. Les Fêtes ! ah ! oui, je les remets les gaillardes !... Voilà bien l'OEuf de Pâques, le Gâteau des Rois... les Vacances... le Réveillon... et jusqu'à ce petit décolleté de Carnaval... Il paraîtrait donc, mes enfants, que nous voulons donc démolir cette pauvre Bissextile... Développez-moi vos griefs... vous disiez, quand je suis entré (*chantant :* Qu'elle soit condamnée !...) Au moins, votre raison est-elle logique ? qui de vous m'explique cette pique ?

L'ÉLECTRIQUE. Moi, l'Électrique... je prends la réplique.

LE SIÈCLE. Et sois véridique.

L'ÉLECTRIQUE. Figurez-vous, Siècle énergique, que cette Année inique nous est antipathique parce qu'elle n'est pas assez laconique... nous faisons donc une supplique pour qu'elle disparaisse du tropique... mais assez parlé en *ique*; concluez à sa condamnation, qu'il n'en soit plus question, nous en aurons de la satisfaction ; telle est notre opinion... Eh ! allez donc !...

LE SIÈCLE. Ils sont bons... Impossible, mes mignons ; nous avons l'intention de suivre nos traditions... Allons, bon... voilà que je prends sur le même ton... Cessons...

L'ÉLECTRIQUE. N'importe ; vous ne me ferez pas accroire qu'un jour de plus soit utile et indispensable... car enfin, qu'est-ce qu'un jour de plus dans un siècle ?

TOUS. Oui ! qu'est-ce qu'un jour ?

L'ANNÉE. Oh ! comme vous y allez !... un jour !... mais vous ne savez donc pas ce que c'est qu'un jour ?

AIR *de Zoé*.

Un jour, ainsi qu'une rose,
N'a qu'un règne, hélas ! bien court,
Pourtant, quoique peu de chose,
C'est beaucoup d'avoir un jour.

Ce sentiment plein de charmes
Que nous appelons l'amour,
En un jour sèche les larmes
Qu'il fait couler en un jour.

Repose-toi, vieux poëte,
Chacun doit avoir son tour ;
Ta carrière était complète,
Tu la gâtes dans un jour.

On veut un enfant aimable,
Pour embellir son séjour ;
Il vous vient un petit diable
Qui cependant n'a qu'un jour ;

Lise, orgueil de ta famille,
Marche droit, crains un détour ;
Sans cesse on pleure, ma fille,
Ce que l'on perd dans un jour.

Une valeureuse armée
Fait le siège d'une tour
Et sur sa brèche enflammée,
Marche et pénètre en un jour.

Chez une femme on admire
Une jambe faite au tour ;
Pourtant il faut, pour séduire,
Que son bras n'ait pas un jour.

Au coupable qui le prie,
Dieu pardonne ; un vrai retour
Répare toute une vie
Par le repentir d'un jour.

Un jour, ainsi qu'une rose, etc.

LE SIÈCLE. C'est donc pour cela que je maintiens énergiquement ma réclamation.

L'ÉLECTRIQUE. Et nous, la nôtre.

TOUS. Oui, oui.

LE SIÈCLE. Silence ! j'ai une idée.

L'ÉLECTRIQUE. Vraiment !

LE SIÈCLE. Tiens !... qu'est-ce qu'il y a d'étonnant que le Siècle ait une idée ?... Je veux aller à Paris et y examiner par moi-même tous les faits et gestes de l'Année bissextile... et voir si elle a bien su profiter de ses vingt-quatre heures de supplément.

L'ANNÉE. Je consens à subir cette épreuve.

L'ÉLECTRIQUE. Et moi, je m'offre à vous servir de guide-âne.

LE SIÈCLE. Non ; je désirerais un guide moins vif, un guide moins bruyant, un guide moins pétulant, un guide moins...

L'ÉLECTRIQUE. Vous voudriez un régiment de guides...

LE SIÈCLE. Oh ! je tiens mon affaire !... Comme j'ai toujours aimé suivre ma fantaisie, je laisse à la Fantaisie le soin de nous conduire. (*A la cantonade.*) Parais, mon joli petit génie, et viens diriger ma course !...

(*La Fantaisie paraît.*)

Deuxième tableau.

SCÈNE PREMIÈRE.

LES MÊMES, LA FANTAISIE.

LA FANTAISIE. Présente !...

AIR *de Voilà le plaisir*.

C'est la Fantaisie
Qui vous tend les bras.
Le sort m'a choisie
Pour guider vos pas.
Faut-il vous conduire
En cent lieux divers ?
Parlez, pour empire
J'ai tout l'univers ;

Partout j'ai ma place.
Enfant du plaisir,
Sachez, quand je passe,
Sachez me saisir.   (*bis.*)
Place, place, venez tous.
Que demandez-vous,
Et quels sont vos goûts ?
Je suis à vous.

Tantôt noble femme,
Reine de salon,
D'une grande dame
J'emprunte le ton.
Tantôt en grisette,
Sous un toit discret,
Joyeuse fillette,
Je tresse un bouquet.

Partout, etc.

LE LUSTRE. Est-elle fringante ! hein ? l'est-elle ?

L'ÉLECTRIQUE. Je trouve la Fantaisie à ma fantaisie.

LA FANTAISIE. Nous disons donc que vous m'instituez votre cicerone... Où faut-il vous conduire, notr'bourgeois?... C'est-y à l'heure ou à la course?... parlez, mon général... voilà le poulet d'Inde.

L'ÉLECTRIQUE. Préférez-vous un ton plus soigné?... Me permettrez-vous, belle dame, de vous offrir mon poing jusqu'à votre voiture?... Qu'y a-t-il de nouveau, cher?... le petit vicomte a-t-il vendu son alezan et quitté sa danseuse?...

LE SIÈCLE. A la bonne heure... c'est gentil.

LA FANTAISIE. Ah! en voilà une vieille perruque!... as-tu fini, tête de caniche, espèce de fossile, moule à singe!...

LE SIÈCLE. Eh! mais, dites donc...

LA FANTAISIE, *d'un ton ordinaire*. C'est de la fantaisie... je voulais vous prouver que je sais prendre toutes les allures, manier tous les langages, et par conséquent vous conduire partout où il vous plaira d'aller.

LE SIÈCLE. Alors, partons.

L'ÉLECTRIQUE. Oh! emmenez-moi, mon petit père le Siècle?

LE SIÈCLE. J'y consens, tu activeras nos observations.

LES FÊTES. Et nous! et nous!

LE SIÈCLE. Vous! il faut que vous restiez ici... vous n'avez que le temps de vous préparer à remplir votre tâche... surtout, travaillons bien en mon absence.

AIR : *Ne raillez pas du*.

A vos devoirs songez, aimables Fêtes ;
Soyez toujours dignes de votre sort.
Parmi les jours, sachez-le bien, vous êtes
Comme noblesse et comme état-major.

À L'ŒUF DE PÂQUES.

Je te dirai, mon petit Œuf de Pâques,
Que néanmoins on pourrait, contre toi,
Avec raison diriger des attaques.
En peu de mots, mon cher, voici pourquoi.
Oui, tu devais, ami, dans le principe,
Être un régal simple et patriarcal ;
Mais aujourd'hui, monsieur l'Œuf s'émancipe,
Et n'a vraiment rien du tout de Pascal.
Quel est le luxe auquel tu t'abandonnes ?
Ton but n'est plus la sainte humilité.
Comme un besoin maintenant tu rayonnes,
En devenant article nouveauté.
Je t'aimais mieux sous ta rouge coquille,
Quand tu n'étais pas un riche objet d'art,
Mais un nanan que l'enfance gentille
Avait nommé tout bonnement coquard.

AU GATEAU.

Gâteau des Rois, tes repas de famille
Sont de mon goût ; ton friand feuilleté
Est un montant, et dans tous les yeux brille,
Quand on te coupe, une franche gaîté.
Jamais surtout, mon cher enfant, n'oublie
De préparer et de mettre à l'écart,
Pour le bon Dieu, pour la Vierge Marie
De tes gâteaux une assez large part ;
Car cette part est un pieux usage
Qui nous rappelle, au milieu du plaisir,
Que Dieu commande et veut que l'on soulage
Les malheureux que la faim fait souffrir.
Mais c'est égal, je t'estime et je t'aime.
Vive ta fève et cette royauté
Où, dédaignant l'éclat du diadème,
Rois et sujets boivent à leur santé.

AUX VACANCES.

Petit lutin, protecteur des vacances,
Ce serait mal à moi de t'oublier.
Je me rappelle encor les jouissances
Que tu m'offrais quand j'étais écolier.
Ce qui surtout me plaît dans cette fête,
Pendant deux mois c'est qu'on ferme un palai
Où les plaideurs, assis sur la sellette,
Perdent leur temps à faire des procès.
Dieu ! quel bonheur, pendant cet intervalle,
Si les débats pouvaient s'anéantir,
Si ce palais de chagrin, de scandale,
Etait fermé pour ne plus se rouvrir !
De saint Louis, abrité sous un chêne,
Les jugements étaient aussi sacrés
Que les arrêts d'une cour souveraine ,
Quoique rendus comme des référés.

AU CARNAVAL.

Toi, viens ici, je te connais, beau masque,
Petit toqué qu'on nomme Carnaval.
Va, je permets à ton humeur fantasque
Cet air gamin et ce ton peu moral.
Par tes ébats joyeux tu te distingues
Avec tes bals et raouts d'hiver.
Mais on prétend que, devenus bastringues,
Ils sont peuplés... comme dans un désert.

AU RÉVEILLON.

Du Réveillon j'approuve l'habitude :
On peut passer la nuit une fois l'an,
Mais plus souvent cela me semble rude :
De cet excès bien vite on se repent.
De trop veiller, mes enfants, prenez garde.
De la nuit blanche il faut vous garantir.
Allez donc voir le Marin de la garde,
Vous êtes sûr là de vous endormir.

REPRISE.

A vos devoirs, songez, etc., etc.

LE SIÈCLE. Je ne suis pas fâché de leur avoir donné leur paquet avant de partir.

LA FANTAISIE. Alors, en route, et en avant le refrain du fantaisiste !

TOUS. Oui ! oui ! vive le refrain du fantaisiste !

LA FANTO.

Air nouveau de MUSARD.

Allons-y gaîment,
Ce refrain est charmant.   (*bis*.)
Allons-y, allons, zo,
Allons-y, zi, zi, zi, zi,
Allons-y gaîment.

Que chante cette fillette,
Quand au bal elle se rend ?
Que répète une coquette
Allant trouver son amant ?
Qu'entonne ce gai compère,
Quand il descend au cellier ?
En montant à la barrière,
Que fredonne l'ouvrier ?

Allons-y gaîment, etc.

Fi des mots remplis d'emphase
Que l'on prononçait jadis :
Cette délirante phase
Est une enfant de Paris.
Aussi, bravant la mitraille
Et les hasards des combats,
Que chantent dans la bataille
Nos victorieux soldats ?

Allons-y gaîment, etc.

Le Siècle et l'Electrique sortent précédés par la Fantaisie.

TABLEAU.

ACTE PREMIER.

Troisième tableau.

UNE PLACE PUBLIQUE.

SCÈNE PREMIÈRE.

PROMENEURS, puis LE SIÈCLE, L'ÉLECTRIQUE ET LA FANTAISIE.

CHŒUR.

Air *des Diamants.*

Vive Paris, la grande ville !
Rien n'égale ce beau pays ;
L'agréable ainsi que l'utile
S'y trouvent toujours réunis.

(*Entrent le Siècle, l'Electrique et la Fantaisie.*)

L'ÉLECTRIQUE. Mais avancez donc ! Allez-y plus gaiment. On n'a jamais vu un siècle aussi retardataire.

LA FANTAISIE. Le fait est que si vous vous arrêtez à toutes les boutiques, vous aurez besoin du reste de votre règne pour tout visiter.

LE SIÈCLE. Que voulez-vous ? il y a si longtemps que je n'étais venu à Paris... Dites donc, savez-vous que la population a doublé ? Qu'est-ce qu'on peut bien faire pour augmenter ainsi les populations ?

L'ÉLECTRIQUE. Dame ! toujours la même chose.

LE SIÈCLE. Je voudrais prendre des notes : j'ai acheté à cet effet quelques carnets de poche.

L'ÉLECTRIQUE. Et moi aussi... On en débite à tous les coins de rue....

LA FANTAISIE. Et êtes-vous contents de ces carnets ?

LE SIÈCLE. Mais oui... il n'y a que les crayons qui laissent à désirer ; je n'en ai pas trouvé un seul qui marquait.

LA FANTAISIE. Ils ont bien leur raison pour cela.

Air : *Adieu je vous fais.*

Les acquéreurs de ces carnets,
Pour dix centimes dépensées,
Peuvent sur ces vélins discrets
Consigner toutes leurs pensées.
Les crayons, n'osant se risquer
A servir ainsi d'entremises,
Aiment bien mieux ne pas marquer
Que de tracer trop de bêtises.

Ah çà, mais j'espère qu'avant de commencer nos pérégrinations, vous allez vous habiller d'une façon plus convenable. Il vous faudrait au moins un chapeau à la mode.

LE SIÈCLE. Un chapeau ! Où diable pêcher un chapeau ? (*Poussant un cri.*) Ah ! mes enfants !...

LES AUTRES. Quoi ?

LE SIÈCLE. J'ai une idée !

LES AUTRES. Laquelle ?

LE SIÈCLE. Si j'allais en acheter un chez un chapelier.

L'ÉLECTRIQUE. J'allais le dire... Volons-y...

LA FANTAISIE. C'est inutile... Vous iriez chez un chapelier qu'il vous offrirait des souliers en gutta-percha, des manteaux en caoutchouc, des éventails, des parapluies, des sacs de voyage, tout, excepté des chapeaux.

LE SIÈCLE. Ah ! alors qu'est-ce qui les fabrique donc maintenant ?

LA FANTAISIE. Vous allez le savoir..... (*A la cantonade.*) Paraissez, chapeliers, et venez déposer vos productions à leurs pieds.

L'ÉLECTRIQUE. A nos pieds ! c'est-à-dire sur notre chef.

SCÈNE II.

LES MÊMES, PANAMA (*en femme sauvage*), CHARBONIA (*en Auvergnate*), puis UNE BONNE ET UN DOMESTIQUE.

ENSEMBLE.

Air : *Des cris de Paris.*

Chapeaux à vendre !
De beaux chapeaux !
Venez tous prendre
Les plus nouveaux.

LE SIÈCLE. Comment, ce sont des femmes qui ont fabriqué cette année les chapeaux d'homme !

PANAMA. A votre service, messieurs : chapeaux ronds, chapeaux carrés, chapeaux ovales, chapeaux pointus...

L'ÉLECTRIQUE. Chapeaux pointus..... Turlututu !

PANAMA. Chapeaux à grands bords, à petits bords, à bords plats, à bords retroussés ; j'en ai de toutes les grandeurs, de toutes les grosseurs, de toutes les valeurs, et de toutes les couleurs et le tout au gré des amateurs.

LE SIÈCLE. Ma foi, j'ai bien envie de me fendre d'un chapeau.

PANAMA. Et vous ne vous en repentirez pas ; mes coiffures sont de si bonne qualité et d'un prix si modique, qu'il faudrait n'avoir pas de tête pour s'en priver.

L'ÉLECTRIQUE. Vrai ! combien donc ?

PANAMA. C'est pour rien. (*Montrant un chapeau.*) Vous voyez bien... ce petit chapeau de paille ?

L'ÉLECTRIQUE. Ah ! il est gentil !

PANAMA. Eh bien !... je vous le cède pour la faible rétribution de trois mille francs.

LES AUTRES. Trois mille francs !

PANAMA. C'est un panama. (*Montrant un autre chapeau.*) Préférez-vous celui-ci ?..... dix mille francs : c'est un hymalaya ; cet autre, vingt mille francs : c'est un huperbibomonya.

LE SIÈCLE. Vingt mille francs !

PANAMA.

Air *du Piége.*

Ce chapeau de paille de riz,
Aussi gracieux que commode,
Est bien porté par nos dandys,
Qui le mirent tous à la mode ;
Croyez-moi, c'est un vrai cadeau.
Malgré vos dépenses, vous êtes
Certains d'avoir, grâces à ce chapeau,
Vingt mille francs bien placés sur vos têtes.

L'ÉLECTRIQUE. Je ne dis pas non... mais panama, hymalaya ou... machinonia... Je trouve ça légèrement salé.

LA FANTAISIE. Préférez-vous quelque chose de moins cher. (*montrant l'Auvergnate*), adressez-vous à l'autre.

CHARBONNIA. Oui, venez et je vous contenterai tous les deux, moi, fouchtra !

L'ÉLECTRIQUE. Tiens... une charabia !

CHARBONNIA. (*Leur donnant à chacun un chapeau.*) Prenez-moi chechi.

LE SIÈCLE. Qu'est-che que *chest* que *chechi*.

CHARBONNIA. C'est un charbonia.

L'ÉLECTRIQUE. Alors le mien doit être un chaudronia.

LE SIÈCLE, *qui s'est coiffé.* A la bonne heure ! voilà qui est bon genre.

L'ÉLECTRIQUE, *même jeu.* Il ne me manque plus qu'une plume.

UNE BONNE, *entrant vivement et allant frapper sur l'épaule du Siècle.* Porteur d'eau !... porteur d'eau !..... deux voies au n° 18 ; ne nous oubliez pas. (*Elle sort.*)

LE SIÈCLE. Hein ?

UN DOMESTIQUE, *même jeu, à l'Electrique.* Vite... vite... prenez vos crochets ; il y a du bois à descendre au 22. (*Il sort.*)

L'ÉLECTRIQUE. Plaît-il ?

LE SIÈCLE. On m'a pris pour un porteur d'eau !

L'ÉLECTRIQUE. Et moi, pour un commissionnaire.

LA FANTAISIE. Ce sont vos coiffures qui en sont cause.

LE SIÈCLE. Ah ! oui... mon charbonia.

L'ÉLECTRIQUE. Et mon chaudronia.

PANAMA. Vous voilà forcés de revenir à moi !

LE SIÈCLE. Plus souvent ! j'aimerais mieux rester découvert toute ma vie que de mettre autant d'argent dans un objet aussi futile qu'un chapeau.

PANAMA. Futile !... un chapeau ! permettez...

AIR *de Zing boum! boum!*

Pour le chapeau vous avez tort
De montrer tant d'indifférence,
Car il règne par l'influence
Qu'il exerce sur notre sort.

Placé sur le coin de l'oreille,
Il nous désigne un garnement,
Et l'ami du jus de la treille
A toujours un renfoncement.

Se moquant de tous les propos,
Que de gens se trouvent en faute,
Et qui marchent la tête haute
Avec de bien vilains chapeaux.

Quoique professeur d'harmonie,
Ce compositeur aux abois,
Pour trouver de la mélodie
N'a plus que le chapeau chinois.

A la guerre, nos généraux,
Dont la renommée est sans tache,
Disaient : Soldats, comme au panache,
Ralliez-vous à nos chapeaux.

Et cet exploiteur qui prospère,
Dont le bénéfice est si beau,
Pourrait bien de Robert Macaire
Réclamer le sale chapeau.

La mariée à l'air moral,
En dépit des yeux qu'elle baisse,
Quelquefois manque à la promesse
Du petit chapeau virginal.

Voyez-vous ces gloires caduques,
Qui, d'orgueil crevant dans leur peau,
Afin de cacher leurs perruques,
Ne nous ôtent pas leur chapeau.

De la fenêtre du château,
Au pauvre aveugle qui demande,
J'aime à voir la pieuse offrande
Qui tombe dans son vieux chapeau.

Du bon goût, sans sortir des bornes,
Pour mémoire je dois citer
En passant les chapeaux à cornes,
On en verra toujours porter.

Ainsi que d'un vaillant drapeau,
Sans cesse avec reconnaissance,
Chacun se souvient dans la France
Du glorieux petit chapeau.

Pour le chapeau vous avez tort
De montrer tant d'indifférence,
Car il règne par l'influence
Qu'il exerce sur notre sort.

LE SIÈCLE. Ma foi, vous m'avez tout à fait convaincu. Nous achetons tous vos chapeaux.

L'ÉLECTRIQUE. Oui... nous les mettrons les uns sur les autres.

ENSEMBLE (REPRISE).

Pour le chapeau {vous aviez / nous avions} tort
De montrer tant d'indifférence,
Car il règne par l'influence
Qu'il exerce sur notre sort.

(*Panama et Charbonia sortent.*)

SCÈNE III.

LES MÊMES, *puis* LE DOCK ET SES COMPTOIRS.

LA FANTAISIE. Vous voilà sûrs d'être coiffés jusqu'à la fin de vos jours.

L'ÉLECTRIQUE. C'est bien le moins : nous en avons pour plus de cinquante mille francs.

LE SIÈCLE. Diable ! il va falloir aller à l'économie.

LE DOCK, *entrant.* L'économie ! qu'est-ce qui veut de l'économie ? me voilà ! parlez, vous allez être servis.

LE SIÈCLE. Qui êtes-vous donc ?

LE DOCK. Le père du commerce, le bienfaiteur de l'industrie, la providence des petites bourses, le Manteau-Bleu des ménages, le Dock de la vie à bon marché.

LES AUTRES. Le Dock !

(*A la cantonade.*) A moi, mes comptoirs !

(*Paraissent les comptoirs personnifiés. Ils ont chacun un numéro et portent différents produits.*)

CHŒUR.

AIR *de la Muette.*

Vive le Dock si recherché,
Où la vie est à bon marché !
Chez nous l'on trouve le moyen
De ne dépenser presque rien.

L'ÉLECTRIQUE. Enchanté d'avoir fait votre connaissance, mon cher Dogue.

LA FANTAISIE, *le reprenant.* Dock.

L'ÉLECTRIQUE. J'aime mieux dire Dogue; d'abord, c'est plus exact. J'ai entendu parler d'un chien que l'on avait dressé à aller décrocher de la viande chez les bouchers, et comme, grâce à lui, son maître mangeait des beefstecks gratis, il l'avait surnommé le Dogue de la vie à bon marché.

LE DOCK. Farceur!... Approchez-vous, messieurs, madame; pressez le pas, prenez la file, faites la queue : mes comptoirs sont ouverts.

LE SIÈCLE. Eh! mais, ils ont une assez bonne mine pour des comptoirs.

LE DOCK. Une mine d'or, messieurs; depuis que j'ai paru, le bazar Bonne-Nouvelle est perdu, les passages éperdus, les galeries de fer fondues et toutes les boutiques fichues; il n'y a plus qu'un magasin dans Paris, qu'un marché dans le monde, le Dock de la rue des Jeûneurs!

LA FANTAISIE. Rue des Jeûneurs! votre adresse est peu engageante pour les gastronomes.

L'ÉLECTRIQUE. En effet, pour peu que vous vendiez des comestibles...

LE DOCK. Je vends de tout : du vin, des liqueurs, de l'orgeat, de la limonade, de la bière, des pianos, de l'oignon brûlé, des diamants, du bouillon, des briquets, des meubles, du raisiné, des tableaux, de la ficelle, des ciseaux, des lorgnettes, des casquettes, des allumettes, des crépinettes, des robes de bal et de la graisse.

LE SIÈCLE. Comme les robes sont bien placées, auprès de la graisse!

LE DOCK. Le tout aux prix les plus bas, aux prix les plus justes, aux prix les plus minimes. Le bon marché, c'est mon rêve, ma passion, ma folie, ma marotte; je voudrais qu'on dînât pour cinquante centimes par mois, et qu'on allât au spectacle pour rien du tout par soirée : oh! le bon marché!

AIR : J'ai de l'argent.

Bon marché (bis),
Rien ne vaut le bon marché;
Chacun par le bon marché
Sera toujours alléché.

L'homme riche eut de tout temps
Des magasins opulents;
A l'ouvrier, tôt ou tard,
On devait bien un bazar.

TOUS.

Bon marché (bis)
Rien ne vaut le bon marché.
etc., etc., etc.

LE DOCK.

L'homme a bien souvent raison
De rester toujours garçon;
Quoique père, il est certain
De n'être ainsi que parrain.

TOUS.

Bon marché, (bis)
etc., etc., etc.

LE DOCK.

La verve de maint acteur,
La langue de l'orateur,
D'un poète l'impromptu
Des coquettes la vertu.

TOUS.

Bon marché! (bis)
Rien ne vaut le bon marché;
Chacun par le bon marché
Sera toujours alléché.

LA FANTAISIE. Je vois que vous connaissez à fond le secret de la vie à bon marché.

LE DOCK. Oh! mon Dieu! il est bien simple : vous achetez au hasard n'importe quoi, une sole, par exemple, vous la serrez, vous l'emmagasinez, et quand vous éprouvez le besoin de manger du poisson, vous vous dites : Tiens, à propos, j'ai là depuis longtemps une sole qui ne m'a pas coûté cher, voici le moment de la consommer.

LE SIÈCLE. Merci! elle doit être fraîche votre sole!

LE DOCK. Qu'est-ce que cela fait? vous ne l'avez pas moins eue à bon marché!

L'ÉLECTRIQUE. C'est juste; ce dogue n'est pas chien... il me tente... Papa le Siècle, je vous paie un petit verre de rhum. Vous, la Fantaisie, je vous régale de parfait amour; moi je prendrai du vespetro.

LE DOCK. Passez aux comptoirs respectifs.

LE SIÈCLE. Pardon, où est celui du rhum?

L'ÉLECTRIQUE, riant. On dit que tout chemin mène... au rhum.

LE DOCK. Ah! le galopin! c'est un jeu de mots à bon marché. Rhum, comptoir n° 2.

(Le Siècle remonte.)

LA FANTAISIE. Et celui du parfait amour?

LE DOCK. Comptoir n° 4.

L'ÉLECTRIQUE. Le vespetro, s'il vous plaît?

LE DOCK. Comptoir n° 9.

LE SIÈCLE, criant. Ah! qu'est-ce que je bois là?

LA FANTAISIE. Pouah! c'est détestable!

L'ÉLECTRIQUE. Je suis empoisonné!

LE SIÈCLE regardant l'étiquette de la bouteille. Parbleu! j'ai avalé du vinaigre des Quatre-Voleurs.

LA FANTAISIE, même jeu. Moi, du vulnéraire suisse.

L'ÉLECTRIQUE. Et moi de l'eau de Sedlitz.

LE DOCK. Ne faites pas attention, je me serai trompé de numéros... J'ai tant de comptoirs, et puis c'est si bon marché!

LE SIÈCLE. Nous en avons assez de votre bon marché.

L'ÉLECTRIQUE. Nous en avons de trop; quelle médecine!

LE SIÈCLE. Qu'il s'en aille bien vite, ou sinon...

LA FANTAISIE.

AIR : En vérité, etc.

Arrêtez! modérez ces cris
Et cette injuste frénésie :
Je m'appelle la Fantaisie,
Et le Dock est de mon pays.
Laissez-moi prendre sa défense,
Car ce digne spéculateur,
En aidant ainsi l'indigence,
Prouve qu'il est riche de cœur.

LE DOCK. Merci et adieu! je vous quitte, car il faut que j'aille établir une succursale à Auteuil, près de la mare. Suivez-moi, mes comptoirs!

CHŒUR.

REPRISE DE L'ENTRÉE.

Voici le Dock si recherché
Où la vie est à bon marché !
Chez nous l'on trouve le moyen
De ne dépenser presque rien.

(*Le Dock et les comptoirs sortent.*)

SCÈNE IV.

LE SIÈCLE, LA FANTAISIE, L'ÉLECTRIQUE.

L'ÉLECTRIQUE. Je suis de l'avis du père le Siècle, moi ! j'aime décidément mieux ce qui est cher.

LA FANTAISIE. Dans quelle rue pourrions-nous bien demeurer ?

LE SIÈCLE. Je voudrais un quartier bien calme, bien paisible, bien tranquille, où l'on n'entende pas le bruit des voitures, le faubourg du Temple, par exemple.

L'ÉLECTRIQUE. Mais dans quel endroit du faubourg ?

LE SIÈCLE. Attendez... je me rappelle qu'il y avait dans certain petit coin, certain marchand de vin où... le soir...

LA FANTAISIE. Un instant, Bertrand !

LE SIÈCLE. Bertrand ; c'est justement cela ! ah ! mes ratons, si vous m'y aviez rencontré il y a vingt ans ; j'étais dans la chicorée...

L'ÉLECTRIQUE. Souvenirs amers !

LE SIÈCLE. Au contraire.

AIR : *Tout comme a fait, etc.*

C'est là que je vis ce chicard
Tant vanté dans l'histoire ;
Si j'ai bonne mémoire
J'y voyais aussi Balochard,
Puis encor d'autres noms en ar.

(*Parlé.*) Dans ce temps-là, tout était en ar, dansemar, épicemar.

[*Suite de l'air.*]

La gaîté folle
Qui nous console
Y prenait la parole.
Pour nous le garçon retenait
Toujours le même cabinet,
Et puis après
Nous avions pour tous frais,
Presque sans variante,
Par tête un franc cinquante.
Avec deux sous, pas plus, pour la servante.

LA FANTAISIE. Je ne demanderais pas mieux de vous y conduire, mais il y a une difficulté, c'est que Bertrand est démoli.

LE SIÈCLE. Bah !... et ce petit établissement philanthropique où j'ai tant de fois mis mon oignon en plan.

LA FANTAISIE. Encore démoli.

LE SIÈCLE. Ah çà ! où me logerai-je ?

(*Ritournelle de l'air suivant.*)

LA FANTAISIE. Tiens, voici la Truelle, demande-lui qu'il te construise une maison.

SCÈNE V.

LES MÊMES, LA TRUELLE, puis COPEAU.

LA TRUELLE, *criant* : Une truellée au sas ! ohé ! là-bas ! voltigeur !... gâchez serré ! Un coup de main, mes bourgeois ! (*Ils mettent une auge sur la tête du Siècle et donnent une pioche à l'Electrique.*)

LE SIÈCLE. Mais nous ne sommes pas maçons.

L'ÉLECTRIQUE. Moi, je ne suis que louveteau.

LA TRUELLE. Puisque vous voulez qu'on vous élève un immeuble, c'est bien le moins que vous aidiez à le construire.

LE SIÈCLE. Comment ?

LA FANTAISIE. C'est une des conditions.

LA TRUELLE. Avant tout, je dois vous prévenir qu'on est tenu de garnir les lieux.

LE SIÈCLE. Je ne demande pas mieux que de les garnir quand il y en aura.

(*Entre Copeau.*)

COPEAU. Ne l'écoutez pas, c'est un charlatan.

LA TRUELLE. Qu'ai-je vu ? Copeau, mon concurrent !

COPEAU. Dis ton vainqueur !

AIR d'*Haydée*.

Compte sur moi,
Je fais la loi
A ces vilains, à ces maudits gâcheurs de plâtre,
Je viens combattre
Ici pour toi.
Oui, je prétends les réduire aux abois
En bâtissant comme autrefois
Avec du bois.

LE SIÈCLE. Comment, avec du bois ? vous construisez des maisons avec du chêne ?

COPEAU. Ou en voliges, au gré du propriétaire... et j'ose me flatter que le copeau ne tardera pas à démolir la pierre.

LA TRUELLE. Le copeau ? allons donc ! il est déjà flambé.

COPEAU. C'est plutôt le moellon qui tombe en poussière.

LA TRUELLE. Vil raboteur !

COPEAU. Méchant limousin !

L'ÉLECTRIQUE. Ah ! Copeau qui veut se bûcher !

LE SIÈCLE. Il va se faire écharper !

LA FANTAISIE *s'interposant*. Voyons, ne vous disputez pas ainsi ; montrez-nous plutôt un échantillon de vos constructions en bois.

COPEAU. Rien de plus facile. (*Il fait une ligne. — Un chalet paraît par le dessous. — Une Suissesse en sort.*)

Quatrième tableau.

SCÈNE PREMIÈRE.

LES MÊMES, UNE SUISSESSE.

TOUS. Un chalet !

L'ÉLECTRIQUE, *chantant*. Arrêtons-nous ici, l'aspect de cet immeuble, de plaisir, de bonheur...

LA SUISSESSE (l'arrêtant).

Air Liberté chérie.

A vous que les portiers repoussent,
J'apporte, braves compagnons,
Ces ravissants chalets qui poussent
Partout comme des champignons.
De tous côtés j'ai des pignons.
En Suisse, ces maisons,
Gais donjons,
Ornent tous les cantons,
Et je dis
A Paris
De ma boiserie
Qu'en vain on décrie,
Oui de ma boiserie
On raffolera.
Tra la, la, la, la.
En bois tout Paris bâtira.

L'ÉLECTRIQUE. Eh mais! je ne trouve pas ce chalet laid.
COPEAU. N'est-ce pas qu'il vous a un petit air suisse, une petite teinte Neufchâtel...
LA FANTAISIE. Voilà justement ce qui m'étonne.
COPEAU. Mes édifices n'en feront pas moins crouler tous les monuments en pierre.
LA TRUELLE. C'est ce que nous verrons.
LA SUISSESSE. C'est tout vu, car chacun en a déjà apprécié tous les avantages.

Air d'Henri Potier.

Dans sa triste mansarde
L'ouvrier végétait,
Du travail mon chalet
Sera la sauve-garde
Sous ces modestes toits,
Et dans ces murs de bois
Ainsi que sous le chaume,
J'en ai l'espoir :
Du bonheur le fantôme
Se fera voir.

TOUS (reprise).

Ainsi que sous le chaume
J'en ai l'espoir,
etc., etc., etc.

LA SUISSESSE.

Même air.

Comme dans un village.
Ensemble réunis,
Vous deviendrez amis
Par le bon voisinage,
Et, plaisir sans pareil,
Vous verrez le soleil.
Ainsi que sous le chaume,
J'en ai l'espoir,
Du bonheur le fantôme
Pourra se voir.

TOUS (reprise).

Ainsi que sous le chaume,
J'en ai l'espoir,
Du bonheur le fantôme
Pourra se voir.

L'ÉLECTRIQUE. Ma foi, vivent les maisons de bois! je voudrais que tout fût en bois, que l'on ne se servît que de pendules de bois, que de cuillers de bois, que de marmites de bois, que l'on ne montât que sur des chevaux de bois, que l'on n'eût que des femmes de bois, des enfants de bois.
LE SIÈCLE. Sabre de bois.
LA SUISSESSE. Tout cela ne nous empêchera pas de raser les moellons.
LA TRUELLE. Et nous de saper le sapin.

ENSEMBLE.

Air de la Caricature.

Malgré la concurrence
Qu'en ce moment on nous fait,
Nous avons l'espérance
De les couler tout à fait.

(*Tous sortent excepté le Siècle, la Fantaisie et l'Electrique.*)

SCÈNE IV.

LES MÊMES, puis CRINOLINE, TUBE-AIR.

L'ÉLECTRIQUE. Quel est ce tohu-bohu?
LE SIÈCLE. Encore une dispute!
LA FANTAISIE. C'est la Crinoline qui poursuit ses contrefacteurs.
LE SIÈCLE. La Crinoline!
L'ÉLECTRIQUE. Nous allons voir qu'elle tournure ça va prendre.

(*Entre Tube-Air poursuivi par Crinoline.*)

ENSEMBLE.

Air du Maréchal-ferrant.

Reconnaissez ma puissance,
C'est moi que l'on choisira,
Et malgré votre arrogance
La place me restera.

(*Ils se disputent, la Fantaisie les sépare.*)

LA FANTAISIE. Voyons, irascible Crinoline, quitte cet air empesé.
LE SIÈCLE. Oui, ne vous gonflez pas, calmez-vous.
CRINOLINE. Que je me calme! quand je me vois échaudée, vilipendée et désachalandée!
L'ÉLECTRIQUE. Vraiment! on aurait dégommé la crinoline?
CRINOLINE. Hélas! qu'est devenu le temps où je faisais partie de tous les accessoires féminins? que n'en suis-je encore à mes succès postérieurs?
LE SIÈCLE. Que voulez-vous? on ne peut pas être et avoir...
CRINOLINE. Ce qui ne m'empêcherait pas d'être encore fort bien placée si ces infâmes plagiaires n'étaient parvenus à m'aplatir.
TUBE-AIR. C'est ta faute, tu ne bouffais pas assez.
L'ÉLECTRIQUE. Vous bouffez donc beaucoup, vous, la petite mère?
TUBE-AIR. Comme un ballon de l'Hippodrome.
LA FANTAISIE. On ne s'en douterait guères.
LE SIÈCLE. Vous avec l'embonpoint d'un hareng pecq.
TUBE-AIR. Ah! parce que je n'ai pas embouché mon tube.
L'ÉLECTRIQUE. Quel tube?
TUBE-AIR. Ce petit instrument de ma façon...

je n'ai qu'à souffler dedans pour obtenir les proportions les plus grassouillettes.

(*Elle souffle dans le tube.*)

LE SIÈCLE. Bah! nous avons maintenant des femmes soufflées?

L'ÉLECTRIQUE. Cela va faire concurrence aux omelettes.

LA FANTAISIE. Regardez comme madame enfle.

LE SIÈCLE. C'est-à-dire qu'elle tourne à l'éléphant.

TUBE-AIR.

AIR : *On dit*, etc.

Voyez ma tournure opulente.

L'ÉLECTRIQUE.

Je vous trouve fort élégante,
Mais avec ce tube zélé,
J'aurais trop peur d'être volé.
Supposez-moi près d'une belle,
J'espère trouver auprès d'elle
Quelque chose d'appétissant,
Et qu'en sort-il alors? Du vent;
Il n'en sort, hélas! que du vent.

LE SIÈCLE. N'importe! comme c'est commode pour monter dans un appartement!

LA FANTAISIE. Et pour s'asseoir en omnibus, donc!

CRINOLINE. Et maintenant qu'ils vous ont développé chacun leur système, convenez avec moi qu'ils m'ont affreusement pillée.

LE SIÈCLE. Sans doute; mais est-ce bien toi qui devrait accuser les autres?

AIR de *Léonide*.

Quoi! parce que l'on te pilla,
Devrais-tu te plaindre, ma chère?
N'es-tu pas aussi plagiaire?
L'histoire le te prouvera.
De cet embonpoint immense
Pourquoi te glorifier?
Il date de la régence :
On l'appelait le panier;
On le recherchait à la cour,
Le panier était fort commode
C'était l'idole de la mode
Et le protecteur de l'amour.
Oui, parfois, une marquise,
Dit-on, cacha tout entier,
Pour ne pas être surprise,
Un amant dans son panier;
C'était, on ne peut le nier,
L'apanage de l'opulence;
Il fallait être dans l'aisance
Pour porter alors un panier.
Après trente ans de délire,
On décida son renvoi,
Et l'on porta, sous l'empire,
Ce qu'on avait bien à soi.
Bientôt arriva sans façon
Un supplément de la toilette
Qu'adopta vite la coquette;
Ce fut le petit polisson.
Objet adoré des dames,
A ce moment-là, dit-on,
Il n'existait pas de femmes
Qui n'eussent un polisson.
Et vous qui venez aujourd'hui
Réveiller de vieilles pensées,
Cessez des luttes insensées;
Votre règne est bientôt fini.

Mesdames, vous qui, sans cesse,
Trouvez des admirateurs,
C'est à vous que je m'adresse :
Quittez d'effrontés menteurs,
Renoncez à ces moyens là;
Car c'est outrager la nature
Que de gâter par l'imposture
Tout ce qu'elle nous prodigua;
Et, comme le dit la Fable,
Rappelez-vous, sans délai,
Que le vrai, seul, est aimable;
Rien n'est plus beau que le vrai.
Croyez-moi, mes conseils sont bons;
Si vous voulez être plus sages,
Augmentez plutôt vos corsages
Et diminuez vos jupons.

CRINOLINE. Les dames ne t'écouteront pas, et pour être plus forts, nous allons former une double alliance.

TUBE-AIR. Oui! oui! unissons-nous!

ENSEMBLE.

AIR *de la Corde sensible*.

Formons une double alliance,
Et si nous restons bien unis,
Dans peu de temps notre puissance
S'étendra sur tous les pays.

(*Crinoline et Tube-Air sortent.*)

SCÈNE VII.

LE SIÈCLE, LA FANTAISIE, L'ÉLECTRIQUE, *puis* LE PRÉ CATELAN.

LE SIÈCLE. Si c'est tout ce que cette chère Bissextile a produit, je trouve cela assez triste.

LA FANTAISIE. Tu veux du gai? Je vais te montrer le chef-d'œuvre de la Fantaisie, l'établissement le plus joyeux, le plus guilleret de la capitale, le Pré Catelan.

L'ÉLECTRIQUE. Le Pré Catelan!... Ah! quelle chance! nous allons rire.

(*Le Pré entre d'un air lugubre.*)

LE PRÉ.

AIR : *Quel désespoir!*

Quel désespoir!
Je souffre et je pleure
A toute heure.
Quel désespoir!
Je gémis du matin au soir.

LE SIÈCLE.

AIR : *Récitatif*.

Et vous qui nous disiez que c'était un pinson,
Je le trouve gai comme un verrou de prison.

LE PRÉ.

Si vous étiez au fait de ma triste complainte,
Si vous saviez pourquoi mon pré qu'on aime tant
Fut baptisé du nom de Catelan,
Vous verriez si j'ai droit de pousser une plainte.

L'ÉLECTRIQUE.

Poussez et faites-nous le récit de ces maux
En peu de mots.

LA FANTAISIE.

Et que ce ne soit pas faux.

LE PRÉ.
Voulez-vous que ce soit sur l'air de *Framboisy?*
LES AUTRES, *avec effroi.* Non! non! non!
LE PRÉ.
Alors, pour combler vos souhaits,
Je prends celui de Fualdès.

AIR *de Fualdès.*

Écuyer de noble race,
Un appelé Catelan,
Bois de Boulogne flânant,
Sur cette déserte place,
L'an mil huit cent cinquante-six
Y rencontra des bandits.

AIR : *On va lui percer...*

Ils lui percèrent le flanc,
　Ratan plan.
　Pauvre Catelan!
Il mourut subitement
D'un coup à la tête;
Son affaire est faite.
Aussi, moi, pas bête!

AIR *de Fualdès.*

Afin de peindre l'ivresse
Que l'on goûte dans mon pré,
Moi, j'ai pris, bon gré, malgré,
Comme signe d'allégresse
Le nom de l'infortuné
Qu'on avait assassiné.

LA FANTAISIE.

AIR : *Ah! le bel oiseau!*

Ah! ah! c'est fort gai, vraiment!
　Sans rire,
　Veuillez nous dire
Tout ce qu'on voit d'amusant
Dans votre Pré Catelan.

LE PRÉ.

AIR : *Attention.*

Attention! silence!
J'entame, je commence,
Et jugez si, pour qualité,
Je n'ai pas la variété.

AIR *de Guénée.*

Vous pénétrerez alors dans des
　Bosquets,
Vous voyez partout des bouquets
　Les plus frais,
　Et les plus coquets.
Le Ranelagh, avec tous ses attraits
　N'est rien auprès
　De mes fourrés épais;
Dans ma promenade au rabais
Tout respire une douce paix :
　C'est un palais.
　A l'amour discret,
Qui craint un regard de furet,
　J'offre un cabinet,
Asile du bonheur parfait.
　Galants damerets,
Confiez-moi tous vos secrets;
Car moi qui suis des plus muets,
　Toujours je les
　　Tais.

AIR : *Ton ton.*

Mais quels sont ces sons dans la plaine?
Qui le prend sur un pareil ton?
Ton ton ton ton tontaine ton ton;
Des fanfares, et par centaine,
S'exécutent sur le piston.
Ton ton, tontaine ton ton.

AIR : *Arlequin tient sa boutique.*

C'est le concert, il doit plaire
Pour son talent sans égal;
Mon orchestre, je l'espère,
Ne redoute aucun rival.
　Il est si bon
　Que tout de bon
　On est capable de faire
L'âne pour avoir du son.

AIR *de Calpigi.*

Ces pantins que chacun envie
Arrivent tout droit d'Italie.

LA FANTAISIE.

Pourtant je les ai vus un jour
Je ne sais plus dans quel faubourg.

LE SIÈCLE.

Sur le boulevard de Strasbourg.

LA FANTAISIE.

Alors il faut que l'on convienne
Que sa troupe est italienne
Comme tous les macaronis
Qui se fabriquent à Paris.

LE PRÉ.

AIR *de Paris à cinq heures.*

Au bruit on fait trêve;
Le rideau s'enlève,
La toile se lève,
On est attentif;
Dans la salle pleine
On convient sans peine
Que tout, sur la scène,
Est récréatif.
Polichinelle
Vient et chancelle,
Il se révèle
Par son air pénaud;
Sa rouge trogne
Dit que l'ivrogne
Boit du bourgogne
Au lieu de sirop.
Puis paraît Cassandre,
Un vieillard fort tendre,
Qui nous fait entendre
Sa drôle de toux.
Il gémit, soupire,
Et dans son délire,
Souffrant le martyre,
Il tombe à genoux.
C'est Colombine,
Il la taquine,
Il la lutine
Ainsi qu'un barbon.
Mais la commère
Est très-légère,
Et lui préfère
Un joli garçon,
Celui qu'elle adore,
Et que dès l'aurore
Son amour implore.
C'est mons Arlequin;

Il caresse, il flatte
La petite chatte,
Agitant sa latte.
C'est mons Arlequin.
Faisons silence :
Avec prudence
Qui donc s'avance
De ce pas lourdaud?
A cette mine,
A sa farine
Chacun devine
Que voilà Pierrot.
Il arrive, il entre
Et se place au centre
Pour remplir son ventre
Aux frais du vieillard,
Qui, pour récompense
De cette bombance,
Le guette et lui lance
Son pied quelque part.
La comédie
Tant applaudie
Est donc finie ;
Voyez au total
Que de ce drame
Notre programme
Est, sur mon âme,
Plus qu'original.

AIR : *Récitatif.*

Vous avez entendu tout ce qu'on vous promet ;
La morale de ce que je vous chantais,

AIR *du Postillon.*

Qu'il n'est rien de plus ravissant
Que le joli Pré Catelan.

(*Il sort.*)

L'ÉLECTRIQUE. Peste!... quelle platine il vous a le Pré Catalan !
LA FANTAISIE, *le reprenant.* Catelan.
L'ÉLECTRIQUE. Je préfère Catalan, c'est plus espagnol, et comme il n'est pas loin de Madrid... allons au pré Catalan.
LA FANTAISIE. J'ai quelque chose de mieux à vous offrir.
LE SIÈCLE. Quoi donc?
LA FANTAISIE. Le Concert Musard.
L'ÉLECTRIQUE. J'aime mieux le Pré Catelan. (*Il tire le Siècle.*)
LA FANTAISIE, *même jeu.* Venez au Concert Musard.
LE SIÈCLE. Assez ! n'échauffez pas ma bile.., nous optons pour le Concert Musard.
L'ÉLECTRIQUE. D'autant plus que nous n'avons pas de monnaie pour aller au Pré Catelan.
TOUS. Aux Concerts Musard !

ENSEMBLE.

AIR *des Jugements.*

Ne mettons pas de retard,
Quand le plaisir nous invite,
Nous devons tous au plus vite
Aller aux Concerts Musard.

(*Ils sortent. Le théâtre change.*)

Cinquième tableau.

UNE VUE DU CONCERT MUSARD.

CURIEUX, *puis* LE CONCERT, LE SIÈCLE ET L'ÉLECTRIQUE.

L'ÉLECTRIQUE Ah! que de musards et de musardes !
LE CONCERT, *entrant.* Ce sont mes quadrilles qui les attirent.
LE SIÈCLE. Vos quadrilles! Vous êtes donc...
LE CONCERT. Le Concert Musard qui, comme le phénix, vient de renaître de ses cendres ; car il y a des noms impérissables dans les fastes de la gloire comme dans les fastes du plaisir. (*A la cantonade.*) A moi, mes quadrilles! venez agiter vos grelots et faire retentir votre cornet à piston.

AIR *du Danois.*

Sans nul retard
Venez; quand ma voix vous appelle,
Montrez du zèle,
Quadrilles du grand Musard.

Avec ta grâce exquise,
Viens, ma belle Venise,
Paraissez, doux échos,
Et toi, le roi des rococos.

(*Entrent les quadrilles.*)

Toi, Danois que l'on prise,
De la chaise qu'on brise,
Accours avec fracas
Faire retentir les éclats.

CHŒUR. (*Reprise.*)

Sans nul retard,
Etc., etc., etc.

LE CONCERT. Et maintenant grand galop du train express... Allons-y gaîment !
TOUS. Allons-y gaîment!

(*Galop général.*)

TABLEAU.

ACTE II.

6ᵉ Tableau.

L'INTÉRIEUR D'UN CAFÉ.

Deux grands comptoirs de chaque côté. Pas de tables ni de chaises.

SCÈNE I.

CONSOMMATEURS, *puis* LE SIÈCLE ET L'ÉLECTRIQUE,

CHŒUR.

AIR *de Fra Diavolo.*

Vidons notre tasse,
Sans que l'on se lasse,
Buvons à l'écart
Ce divin nectar.

Qu'on en verse encore
Car chacun l'adore.
Allons donc, garçons,
Montrez-vous plus prompts.

(*Entrent le Siècle et l'Électrique.*)

LE SIÈCLE. Où diable me conduis-tu ?
L'ÉLECTRIQUE. Au café : nous y attendrons le retour de la Fantaisie.
LE SIÈCLE. Tu as eu là une excellente idée... car je commence à être esquinté.
L'ÉLECTRIQUE. Il y a de quoi : depuis hier que nous trottons comme des Gennaro.
LE SIÈCLE. Et dire que nous n'avons pas trouvé de voitures ! et l'on prétend qu'on vient d'en créer trente mille nouvelles.
L'ÉLECTRIQUE. Raison de plus. Depuis qu'il y tant de véhicules à Paris, le Parisien est forcé d'aller à pied.
LE SIÈCLE. Alors donne-moi une chaise.
L'ÉLECTRIQUE. On n'en tient pas ici.
LE SIÈCLE. Alors un tabouret, un petit banc, le coin d'une table.
L'ÉLECTRIQUE. Absence complète : il n'y a que des comptoirs.
LE SIÈCLE, *regardant.* En effet, quel drôle d'établissement.
L'ÉLECTRIQUE. Ce n'est pas un café comme un autre : c'est le *Coffee-House* dans toute sa simplicité, dans toute sa pureté ; nous sommes chez le Percolateur.
LE SIÈCLE. Chez le Percolateur ! vraiment ?... ah ! tant mieux ! qu'est-ce que c'est que le Percolateur ?
L'ÉLECTRIQUE. Le Percolateur ? comment vous ne savez pas ce que c'est ?..... son nom vient de... son étymologie de... tiens, je ne sais pas non plus... enfin nous allons goûter son breuvage.
LE SIÈCLE. Dis donc... pas de bêtise, hein ? il n'y a pas de saloperie dedans.
L'ÉLECTRIQUE. Laissez donc puisque j'en ai déjà pris.
LE SIÈCLE. Ce n'est pas une raison.
L'ÉLECTRIQUE, *à la cantonade.* Garçon, deux demi-tasses !

SCÈNE II.

LES MÊMES, LE PERCOLATEUR.

PERCOLATEUR.

AIR : *C'est Jobard.*

Me voici : (*bis.*)
Quand la pratique m'appelle
Je m'élance vers elle ;
Jamais on n'attend ici.

Je ne vends pas, mais je donne
Ce délicieux moka,
Et je soutiens que personne
Jusqu'ici ne s'en moqua.
Me voici : (*bis.*)

De cette liqueur exquise
Chaque buveur est coiffé ;
Mon café, qu'on se le dise,
Est toujours fort de café ;
Me voici : (*bis.*)

LE SIÈCLE, *bas à l'Électrique.* Il me fait l'effet d'empester la chicorée.
PERCOLATEUR. Prenez vos cachets !
L'ÉLECTRIQUE, *bas au Siècle.* Vous voyez pourtant que ça vous a du cachet.
PERCOLATEUR, *apportant deux demi-tasses.* Ces messieurs sont servis.
LE SIÈCLE. Merci. (*Flairant.*) Quand je pense que c'est à des chèvres que l'on doit cette précieuse découverte.

AIR : *Mon père était pot.*

Quand les chèvres avaient goûté
Cette piquante graine,
On les voyait avec gaîté,
Bondissant dans la plaine.
Je conçois vraiment
Le tressaillement,
En approchant mes lèvres
De ce café-là,
Car il n'est bon qu'à
Faire danser les chèvres.

PERCOLATEUR. Qu'entends-je ?... vous méconnaîtriez la saveur de mon délicieux moka ?
L'ÉLECTRIQUE. Non ; mais je trouve qu'il sent la suie : vous devriez faire ramoner votre cafetière.
LE SIÈCLE. Et puis c'est gênant de consommer tout debout.
PERCOLATEUR. Oui ; mais quel avantage ! chez moi pas de journaux qui attaquent, de crimes qui effraient, de canards qui trompent et d'annonces qui assomment ; pas de jaquet, de lansquenet, de bézigue, pas de dames qui vous demandent à payer leur terme, de garçons qui réclament un pour-boire ; le café, rien que le café, toujours le café !
L'ÉLECTRIQUE. Et y trouvez-vous votre beurre ?
PERCOLATEUR. Quand nous en vendons. Excepté les demi-tasses, tout est chez moi à un prix exorbitant ; sur le café nous ne perdons que cinq centimes.
LE SIÈCLE. Vraiment ! Alors vous vous rattrapez sur la quantité ; mais expliquez-nous le secret de votre innovation.
L'ÉLECTRIQUE. Oui : que nous connaissions un peu votre manivelle.
PERCOLATEUR. Oh ! c'est difficile et singulièrement compliqué.
LE SIÈCLE. Dites toujours ; nous ne sommes pas des buses, moi, du moins ; car je ne réponds pas de mon ami...
L'ÉLECTRIQUE. C'est comme moi : je puis vous assurer de mon intelligence ; quant à celle de monsieur...
PERCOLATEUR. Eh bien, sachez donc mon secret : après des recherches inouïes, des études incroyables, des combinaisons infinies, j'ai trouvé le moyen de fabriquer une immense cafetière ; j'ai trouvé la façon d'y fourrer une énorme quantité d'eau, très-peu de café ; j'ai chauffé le tout avec du charbon que j'ai pris le plus grand soin d'allumer, et j'ai servi chaud, à moins que ce ne fut tiède.

LE SIÈCLE.

AIR *des Frères de lait.*

Je suis bien sûr d'avoir toute ma tête,
Mais, si je dois vous parler franchement,
Moi, j'ai fort peu compris votre recette.

PERCOLATEUR.
Tant mieux, monsieur, car voilà justement
Où se trouve mon talent.
Soyez obscurs, tâchez de le paraître
Pour réussir, et sachez qu'à Paris
Le vrai moyen de se faire connaître
Est de ne pas être du tout compris.

LE SIÈCLE. Certainement, mon ami ; votre établissement est très-commode. On ne peut pas s'y reposer... on n'y a pas chaud... on ne peut pas y causer... fumer tranquillement sa cigarette ; mais c'est très-commode..... Est-ce qu'on n'a pas élevé des cafés dans un autre genre?

LA FANTAISIE. Comment donc... bien au contraire, car les cafés se propagent comme le chiendent. Grands, moyens, petits, ronds, pointus, biscornus de toutes formes... Je vais t'en montrer les plus célèbres échantillons.

LE PERCOLATEUR. Un concurrent!... je me sauve. (Il sort.)

SCÈNE III.

LES MÊMES, LE CAFÉ PARISIEN, UNE STATUE.

LE CAFÉ. Boum !
LE SIÈCLE. Quelle est cette Romaine?
LE CAFÉ. C'est le Café-Parisien.
L'ÉLECTRIQUE. C'est donc cela qu'il a l'air d'un Egyptien !
LE CAFÉ. Venez chez moi ; je suis le seul café présentable aujourd'hui.
LE SIÈCLE. Où cela?
LE CAFÉ. Rue de Bondy, 26.
L'ÉLECTRIQUE. A l'ancienne mairie.
LE SIÈCLE. J'y ai monté la garde. Ah! on a élevé là un petit estaminet?
LE CAFÉ. Un petit est... dites donc un monument, un palais des Mille et une Nuits, une oasis orientale, une huitième merveille du monde où l'on trouve des chopes à 5 sous, des grogs à 6 sous et des glorias à 35 centimes.
LE SIÈCLE. Et c'est pour débiter toutes ces modestes denrées que tu as déployé tant de luxe et de magnificence...
LE CAFÉ. Que dis-tu de mon idée?
LE SIÈCLE. Je la trouve bête.
LE CAFÉ. Comment! tu condamnes mes vingt-deux billards, mes sculptures, mes arabesques, mes comptoirs incrustés, ma lumière ruisselante... qui fait croire à une illumination perpétuelle.
LE SIÈCLE. Oui, sacrelotte!

Air : *Renaudin de Caen.*

Je vais te parler franchement,
Tout cela m'échauffe la bile,
Et je trouve au moins inutile
Ton grotesque établissement.

L'histoire nous dit qu'Erostrate,
Pour rendre son nom glorieux,
Osa, sans se fouler la rate,
Briser un temple fastueux.

Quoique de toi l'on soit coiffé,
Je veux, comme œuvre méritoire,
A mon tour me couvrir de gloire
En démolissant ton café.

J'attaque d'abord ta dorure
Et tant d'ornements déployés:
Cela jure avec la parure
De nos modestes ouvriers.

J'attaque tes nombreux billards,
Désespoir de leurs ménagères,
Car le plus pur de leurs salaires
S'engloutit dans ces traquenards.

Je condamne cette lumière
Qui de nos yeux qu'elle affaiblit,
Tout en fatiguant la paupière,
Sans éclairer, nous éblouit.

Comme dans un palais, crois-moi,
De ton bâtiment la richesse
Nous fait sentir notre détresse,
Quand, hélas! on rentre chez soi.

Dans ton beau comptoir qui possède
Les rayons du char de Phœbus,
Vénus même paraîtrait laide ;
Et dame... on n'y voit pas Vénus.

Jetons nos regards attentifs
Sur le morceau vraiment splendide:
C'est cette horloge qui préside
Aux ébats de tous ces oisifs.

Je prodiguerais mes éloges
De son timbre aux sons éclatants,
Si cette reine des horloges
Leur rappelait le prix du temps.

Mais tout ce brillant attirail,
Pour t'excuser, vas-tu me dire,
Quand il a fallu le construire
A procuré bien du travail.

C'est un argument qui nous trompe
Et que nous devons dédaigner,
Car la séduction repompe
Tout l'argent que tu fis gagner.

Au café le consommateur
Peut, dit-on, le trouver acerbe ;
Ce que l'on y voit moins superbe
Est ce que l'on y boit meilleur.

En vain contre toi je m'insurge;
La foule accourt te visiter;
Comme les moutons de Panurge,
Chez toi chacun voudra sauter.

Jouis donc de cet heureux sort;
Tâche, pendant qu'il te couronne,
Que l'or qui sur tes murs foisonne,
Descende dans ton coffre-fort.

SCÈNE IV.

LES MÊMES, *moins* LE CAFÉ.

LE SIÈCLE. Hein ! comme je l'ai arrangé !
L'ÉLECTRIQUE. Vous avez été un peu dur à son endroit, et je ne conçois pas que vous, le dix-neuvième siècle, un siècle de lumière, lui ayez reproché d'être trop éclairé.
LE SIÈCLE. Eclairé ! par qui? par ce charlatan de gaz.

SCÈNE V.

LES MÊMES, LE GAZ, *puis* L'HUILE-GAZ.

LE GAZ. Qui donc se permet d'insulter le Gaz? le voilà prêt à répandre des torrents de lumière sur ses obscurs blasphémateurs.
L'HUILE, *le saisissant.* Ah! je te tiens, brigand !
LE GAZ. Arrière !
L'ÉLECTRIQUE. Quel est ce vieux saligot?

LE GAZ. Vous ne reconnaissez pas ce petit rageur à son chapeau traditionnel.

LE SIÈCLE. Tiens! si; c'est l'huile à quinquet.

L'HUILE. Oui; moi qui brillais depuis dix ans comme un champignon dans une lanterne, et qui suis réduit à éclairer des loges de portiers et à me fourrer en catimini dans la salade à cause de monsieur; mais j'ai un vengeur : viens à mon secours, mon fils chéri!

TOUS. Son fils!

L'HUILE. Oui, mon fils, créateur de la nouvelle entreprise qui doit anéantir cet orgueilleux fluide; il a beau rouler voiture et se rendre portatif, il n'en sera pas moins forcé de s'évaporer devant moi.

L'HUILE-GAZ, *entrant*. Me voilà, papa.

LE GAZ. Qu'est-ce que c'est que cette nouvelle composition?

L'HUILE-GAZ. Qui je suis? l'Huile-Gaz.

L'HUILE. Hein! ça te défrise.

LE SIÈCLE. A bas! vous n'avez pas les mains propres.

L'HUILE. C'est que...

LE SIÈCLE. Sec... Vous ne l'êtes pas... Est-il gras, cet animal-là!

L'ÉLECTRIQUE. Comment c'est l'Huile-Gaz... Bravo! bravo! qu'est-ce que c'est que l'huile-gaz?

L'HUILE-GAZ. Une nouvelle production inventée par une société en commandite pour tout ce qui s'allume, tout ce qui se flambe, tout ce qui illumine.

L'HUILE. C'est mon fils, monsieur.

LE SIÈCLE! Bon! voilà une tache; allez-vous en...

L'HUILE-GAZ. Capital 50,000 jets divisés par 10,000 actions de 300 conduits. Directeur-gérant : M. Lantimèche.

LE GAZ. Et c'est là ce qu'on m'oppose?

L'ÉLECTRIQUE. Dame! il a joliment l'air sûr de son affaire; et de quoi se compose-t-il?

L'HUILE-GAZ. C'est bien simple : de symperphonium carbonique condensé par la mixture de la réduction du résidu des pulvérisations thérapeutiques arrivées à l'état de pneumologie odontalgique et phosphorescente. C'est à la portée de tout le monde : un enfant de cinq ans peut en faire.

LE SIÈCLE. Comme c'est commode!

L'ÉLECTRIQUE. J'ai retenu la recette : symper phosphorescente.

LE GAZ. Allons donc! c'est un contrefacteur.

L'HUILE. C'est mon fils, monsieur.

L'ÉLECTRIQUE. Bon! voilà que j'ai ma tache aussi.

LE GAZ. Et c'est ce rival qui veut lutter contre moi, moi qui prétends détruire les mottes à brûler, le poussier, la braise, la houille, le charbon; moi qui veux fumer les fumistes, les ramoneurs, les calorifères, les chaufferettes, en répandant partout mon bienfaisant calorique, en chauffant les maisons, les rues, les villes, la terre. — Exemple. — Vous avez froid aux pieds?

L'ÉLECTRIQUE. Non.

LE GAZ. Ce n'est pas vrai.

LE SIÈCLE. Puisqu'on te le dit, ne sois pas entêté; tu as froid.

LE GAZ. Qu'est-ce que vous feriez?

LE SIÈCLE. Je les chaufferais!

L'ÉLECTRIQUE. Je battrais la semelle.

LE GAZ. Grâce à moi, c'est inutile.

L'HUILE-GAZ. Ne l'écoute pas.

LE GAZ. Silence! Je vais tous vous faire sauter. Attention!

LE GAZ.

AIR *de Satarello.*

Attention, je commence :
Vous tous, ici, tenez-vous bien.
Je vais faire une expérience,
Cela ne vous coûtera rien.
Déjà ma flamme qui circule
Va se répandre sous le sol.

L'ÉLECTRIQUE.

Je n'avalerai pas la pilule,
Car ce gaz, je le crois, est fol.

(*Ils commencent tous à sauter sur un pied comme si la plante brûlait.*)

TOUS.

La chose est vraiment singulière,
Aux pieds qu'est-ce que je ressens?
Je ne puis plus rester à terre;
On dirait des charbons ardents.

(*Ils sautent plus fort.*)

LE GAZ.

Sentez comme mes feux pétillent.

LES AUTRES.

Quelle douleur dans les talons?

LE SIÈCLE.

Nos pieds sont grillés, je vous jure,
Ainsi que des pieds de mouton.

(*Ils sautent toujours plus fort. Une explosion se fait entendre; l'Huile et le Gaz se sauvent.*)

SCÈNE VI.

LE SIÈCLE, L'ÉLECTRIQUE, puis LA FANTAISIE.

L'ÉLECTRIQUE. Ah! petit père le Siècle, où êtes-vous?

LE SIÈCLE. Auprès de toi, par terre.

L'ÉLECTRIQUE. Hein!... vous avez entendu?

LE SIÈCLE. Ce n'est rien; un tuyau qui aura crevé... ça arrive très-souvent aux tuyaux.....

L'ÉLECTRIQUE. C'est égal; si jamais j'ai froid aux pieds, je me les chaufferai à ma fantaisie...

LE SIÈCLE. Et moi de même; mais en parlant de fantaisie, elle est bien longtemps absente.

LA FANTAISIE, *entrant*. Me voilà; j'ai été retenue par mes sujets, les Fantaisistes, et, Dieu sait si le nombre en est grand à Paris.

LE SIÈCLE. Je suis enchanté de vous revoir; où allez-vous nous conduire?

LA FANTAISIE. Au boulevard de Gand, si vous le voulez bien.

LE SIÈCLE. Vivat! J'ai toujours idolâtré ce boulevard; on y passe des soirées si calmes, si délicieuses sur des chaises de paille.

L'ÉLECTRIQUE. En fer.

LE SIÈCLE. Pourquoi jures-tu?

L'ÉLECTRIQUE. Moi?... vous vous trompez.

LE SIÈCLE. Tu as dit enfer?

LA FANTAISIE. Il voulait vous expliquer qu'on ne se sert plus de chaises de paille, mais de chaises en fer grillées.

LE SIÈCLE. Grillées !... tiens, c'est grillé comme dans les loges de théâtre... ça fait qu'on ne vous reconnaît pas... que je suis bête !... ce n'est pas de ce côté-là... la figure est à découvert... Allons au boulevard de Gand!
LA FANTAISIE. Ou plutôt que le boulevard de Gand vienne à nous !...

Septième tableau.

UN COIN DU BOULEVARD DES ITALIENS.

SCÈNE PREMIÈRE.

LE SIÈCLE, L'ÉLECTRIQUE, LA FANTAISIE.

LE SIÈCLE. Quel bonheur! nous voilà sur cet élégant boulevard où les toilettes abondent, où la foule se rue...
L'ÉLECTRIQUE. Qu'est-ce que vous parlez donc de foule qui se rue, il n'y a pas un chat.
LE SIÈCLE. C'est vrai; comment! pas un seul dandy, pas la moindre lionne dans cet endroit si bien fréquenté.
LA FANTAISIE. Ce n'est pas encore l'heure; prenez patience, cette délicieuse promenade ne tardera pas à être envahie par des gens de toutes les classes, des industriels de toutes les professions, des artistes de tous les genres, des musiciens, des entrepreneurs, des poëtes, des tailleurs, des vaudevillistes et des pâtissiers.
LE SIÈCLE. Ils viennent parler de leur état.
LA FANTAISIE. Ah! bien oui! ils ont bien le temps, il n'y a plus qu'une profession à présent.
LE SIÈCLE. Laquelle ?
LA FANTAISIE. Tu vas en juger, car voici les habitués qui commencent à peupler le boulevard.

SCÈNE II.

LES MÊMES, UN MUSICIEN, UN TAILLEUR, UN PEINTRE.

CHŒUR de passants.

AIR de la Favorite.

La baisse nous exauce.
LES AUTRES.
Achetez au comptant.
LES AUTRES.
N'attendez pas la hausse.
LES AUTRES.
Nous vendons fin courant.
LE SIÈCLE.
Que disent-ils? quel est ce langage?
L'ÉLECTRIQUE.
Je n'entends rien à ce bavardage.
Sont-ils Chinois ou sont-ils Auvergnats?
LE SIÈCLE.
Qu'ils restent seuls avec leur charabias.

(Ils s'éloignent.)

LE SIÈCLE. Mais qu'est-ce que c'est que tout ce personnel-là?
LA FANTAISIE. Veux-tu l'explication?
LE SIÈCLE. Parbleu !
LA FANTAISIE. Tiens, voilà le célèbre musicien... trois étoiles.
LE SIÈCLE. Qui a fait de si beaux opéras ?
L'ÉLECTRIQUE. Il ne fait plus que des reports.
LA FANTAISIE. Ce qui le forcera de composer une fugue... Tiens, voilà un grand peintre...
LE SIÈCLE. Oh! oui, il a exposé cette année.
LA FANTAISIE. Il expose tous les jours son capital... Ce dernier, c'est un tailleur; il a fait hausser les fonds...
LE SIÈCLE. De pantalons.
L'ÉLECTRIQUE. Non, publics...
LE SIÈCLE. Pourvu qu'il ne remporte pas de veste...

(On entend le son d'une cloche.)

CHŒUR.

AIR : On m'appelle pour faire la foule. (JEAN.)

Écoutez, la cloche nous appelle.
À ce rendez-vous,
Oui, tous,
Il le faut, trouvons-nous.
À ce son chaque amateur fidèle
Vite doit courir
Plein du désir
De s'enrichir.

(Ils sortent.)

SCÈNE III.

LE SIÈCLE, L'ÉLECTRIQUE, LA FANTAISIE.

LE SIÈCLE. Où vont-ils ?
LA FANTAISIE. Parbleu! au grand entrepôt de la fortune... à la Bourse.
L'ÉLECTRIQUE. Où je me charge de leur fournir des nouvelles télégraphiques.
LE SIÈCLE. Les malheureux! ils vont se ruiner...
LA FANTAISIE. Te voilà comme les autres.

AIR : Tant tant.

Ceux qui d'imprécations
Accablent la pauvre bourse
Pour avoir des actions
Vont chez elle au pas de course,
Vous l'accusez tant, tant, tant
De malheurs d'être une source,
Pourquoi donc l'accuser tant,
Et chez elle aller autant?

L'ÉLECTRIQUE. Ne vas-tu pas nous prouver qu'à tous les coups l'on y gagne comme aux macarons ou au tourniquet de porcelaine.
LE SIÈCLE. Merci, la porcelaine; j'ai tourné cinquante coups et je n'ai jamais pu attraper un... œil...
L'ÉLECTRIQUE. Dame! si vous jouez à l'œil.

SCÈNE IV.

LES MÊMES, L'ILLUSTRÉ.

L'ILLUSTRÉ. Le Journal... pour tous, la Science pour tous, la Semaine pour tous, l'Écho des

feuilletons pour tous, la Gazette de Paris pour tous.
LE SIÈCLE. Encore des actions, je n'en veux pas.
L'ILLUSTRÉ. Non, monsieur, ce sont des anecdoctes en beaucoup de paroles...
LA FANTAISIE. Et peu d'actions.
LE SIÈCLE. Voyons.
L'ILLUSTRÉ. Le Passe-Temps.
L'ÉLECTRIQUE. Ah! donne...

AIR : J'n'ai pas le sou.

Passe-Temps, . (bis.)
Ce titre, aux lecteurs contents,
Doit procurer vraiment
Quelques moments d'agrément.

Ce journal est tout petit,
Mais on prétend qu'il grandit,
Il commença par chou-blanc
Sans faire pourtant chou-blanc.

Passe-temps.

LA FANTAISIE.

Ce petit nom vaporeux
Plait, dit-on, aux amoureux.
Ce qu'on nommait sentiment,
Peut s'appeler maintenant

Passe-temps.

LE SIÈCLE.

J'en vois pourtant quelques-uns
Qui semblent un peu communs,
Et d'eux, je me sens d'humeur
De dire à plus d'un lecteur :

Passe-t'en.
Tant mieux si l'on est content,
Mais on perd bien du temps
Avec de tels passe-temps.

Bah! ce n'est pas cher, on peut en voir la farce... Combien?
L'ILLUSTRÉ. Un sou, tout pour un sou, pour tous.
LE SIÈCLE. Le prix d'une brioche.
L'ILLUSTRÉ. Le papier le vaut.
LE SIÈCLE. S'il n'y avait que le papier, je n'hésiterais pas... rendez-moi.
L'ILLUSTRÉ. Très-bien! on ne rend pas de monnaie ici; comme au tourniquet, enlevé! c'est pesé! La Science pour tous! le Journal pour tous! (Il sort.)
LE SIÈCLE. Eh bien, merci.
LA FANTAISIE. Dame! il faut prendre ses précautions...
LE SIÈCLE. Mais où aller pour changer mes billets de banque? Je ne veux pas donner cinq cents francs pour un sou. As-tu de la monnaie?
L'ÉLECTRIQUE. Non; mais je vais vous conduire dans un endroit où vous n'aurez qu'à vous baisser pour en prendre.

AIR de la Sirène.

Partons en diligence,
Et nous aurons bientôt,
Pour faire la dépense,
Trouvé ce qu'il nous faut.

REPRISE.

(Ils sortent.)

Huitième tableau.

UNE CAVE. TONNEAUX AVEC DES INSCRIPTIONS.

SCÈNE PREMIÈRE.

L'ARGENT, *entrant avec précaution.* A moi! mes enfants! Accourez, pièces de cinq, de deux et d'un franc! venez aussi, cinquante et vingt centimes, votre père l'Argent vous appelle.

AIR des Filles de marbre.

Venez ici, je le veux,
Mes chères petites pièces,
Belles, sonnantes espèces,
Pour qui chacun fait des vœux;
Maintenant votre puissance
Va s'établir pour toujours,
Afin que l'on vous encense,
Multipliez votre cours,
Et malgré l'or,
Nous prendrons notre essor.

SCÈNE II.

L'ARGENT, CINQ-FRANCS, DEUX-FRANCS, UN-FRANC, CINQUANTE-CENTIMES, VINGT-CENTIMES, LE SOU BELGE.

ENSEMBLE. (*Suite de l'air.*)

A ta voix nous accourons,
Parle, nous t'obéissons;
Comme l'or nous agirons,
Et puis nous nous montrerons.

L'ARGENT. C'est bien, je suis content de vous. Approche, Cinq-Francs.
CINQ-FRANCS. Me voilà, maître, prêt à me montrer.
L'ARGENT. Te montrer? Très-bien.
DEUX-FRANCS. C'est comme moi; je veux imiter cette roue de derrière.
UN-FRANC. Et moi, Un-Franc, qu'on traite de balle, je ferai de fameux bonds, je t'en réponds...
CINQUANTE-CENTIMES. Moi, je ne demande pas mieux que de faire comme les autres; mais...
L'ARGENT. Allons donc... parle donc franchement... c'est vrai; ce Cinquante-Centimes, il a toujours un ton demi-franc.
CINQUANTE-CENTIMES. Dame! nous sommes si peu de chose, nous autres...
VINGT-CENTIMES. Merci... peu de chose... Quand on nous additionne, nous autres centimes, ça n'a pas l'air, mais nous finissons par faire une somme; à preuve que les marchands nous mettent en petit pour ne pas effrayer les acheteurs... ils inscrivent sur leurs marchandises ...... cinq francs en gros caractères, et puis quatre-vingt-quinze centimes en tout petits chiffres. Seigneur Argent, comptez sur moi, foi de Vingt-Centimes.
LE SOU BELGE. Et, sur moi aussi, god for doum!
L'ARGENT. Qu'est-ce que c'est que ça?
LE SOU BELGE. Le Sou... savez... le Sou belge qui vient avec...
TOUS, *riant.* Oh! le Sou belge!...
LE SOU BELGE. Pourquoi que tu te moques de moi, vous?

L'ARGENT. Mon pauvre ami, c'est que tu es complétement démonétisé.

LE SOU. C'est égal, pour jouer au bouchon on peut bien me garder...

CINQ-FRANCS. Laisse-nous tranquilles, ne te mêle pas de notre conversation...

LE SOU BELGE. God for doum !

L'ARGENT. Assez... N'oublions pas le but de notre réunion.

AIR de Renaudin de Caen.

Jurons (ter.)
Que tous ici nous nous réunirons
Pour briser la puissance,
Anéantir la concurrence
D'un métal que nous combattrons.

L'ARGENT.

Pour réussir dans un moment si grave
Il ne suffit pas d'être brave;
Que chacun se montre prudent
Pour éviter un accident.

AIR de Fra Diavolo.

Ici pas de retraite,
Si nous désirons triompher;
L'Or faisait trop sa tête,
Sachons nous rebiffer ;
Mais pour que la victoire
Se déclare aujourd'hui pour nous,
Laissons mûrir la poire.
Montrons-nous (bis).

(Le Sou belge fait MONTRONS-NOUS avec un accent très-fort.)

QUATRE-SOUS. Mais, tais-toi donc.

BRUIT, au dehors. Par ici ! par ici !

QUATRE-SOUS. C'est cet animal de god for doum qui a donné l'éveil. (On frappe le Sou.)

LE SOU BELGE. Je vais me fâcher... savez...

SCÈNE III.

LES MÊMES, L'ÉLECTRIQUE, puis LE SIÈCLE et LA FANTAISIE.

L'ÉLECTRIQUE. Nous y voilà... j'ai le sac...

L'ARGENT. Qui es-tu, téméraire ?

L'ÉLECTRIQUE. L'Électrique, pour vous servir, seigneur Argent.

L'ARGENT. Arrière! On ne me touche pas.

L'ÉLECTRIQUE. Vous êtes vif, Argent... mais l'Électrique ne recule jamais... Par ici, chers compagnons.

LE SIÈCLE, entrant. Mais où nous fourres-tu ?

L'ÉLECTRIQUE. Dans le royaume de la monnaie blanche.

LE SIÈCLE. Plus que ça de monnaie ? Merci ! (Allant aux monnaies.) Oh ! les bonnes pièces !... elles sont gentilles face... Voyons un peu pile... (Il passe derrière.) Très-bien.

L'ÉLECTRIQUE. C'est qu'elles ne sont pas effacées du tout...

LA FANTAISIE. Cependant elles ont bien marché déjà.

LE SIÈCLE. Elles ont besoin d'être frappées de temps en temps. (Le Sou belge se présente.) On ne peut rien vous faire, mon brave homme.

LE SOU BELGE. Il me prend pour un pauvre !

LA FANTAISIE. C'est le vieux Sou belge.

LE SIÈCLE, riant. Passez, mon ami, passez.

LE SOU BELGE. Mais je ne demande pas mieux. Dites-moi où... j'irai tout de suite...

LE SIÈCLE. J'y songerai... Eh bien ! qu'avez-vous tous ? vous paraissez vexées ?

L'ARGENT. Oui, contre l'Or, qui voudrait nous anéantir à son profit, faire à lui seul toute la besogne. Il prétend que ma petite monnaie est une paresseuse, qu'elle se cache, qu'elle ne veut plus remplir son service comme autrefois... Eh bien ! répandons-nous de tous côtés... circulons... courons... marchons et forçons l'Or à rentrer dans sa dignité inactive d'autrefois.

LA FANTAISIE. Oui, l'argent ne doit pas se laisser effacer par l'Or.

CINQ-FRANCS. D'abord, moi, j'envahis toutes les boutiques de changeurs.

DEUX-FRANCS. Et moi les tiroirs des restaurants à prix fixe.

UN-FRANC. Moi, je me laisse dépenser avec la plus grande facilité.

CINQUANTE et VINGT-CENTIMES. Nous aussi.

LE SOU BELGE. Et moi donc ?...

LE SIÈCLE. Mais ne me criez donc pas aux oreilles, je déteste cet accent-là.

LA FANTAISIE. Et vous voulez taquiner l'Or par ce moyen ?

L'ARGENT. Parbleu ! s'il n'est pas content, qu'il essaie à se mettre aussi en petite monnaie.

LA FANTAISIE. Ce serait trop difficile.

AIR : Périnette.

De cinq francs la pièce en or
Est d'un aspect agréable;
Deux francs serait convenable
Et pourrait se faire encor;
Mais un franc, quelle folie !
D'abord, on aurait besoin,
Pour frapper son effigie,
Vraiment, d'un trop petit coin :
D'un franc la pièce roquette,
Étant invisible à tous,
Comment la pauvre Périnette
Trouverait-elle ses vingt sous ?

LE SIÈCLE, à Cinquante-Centimes. Et toi, renonceras-tu à garnir le gousset du grand fantaisiste Bilboquet, si fier de ses cinquante centimes ?

VINGT-CENTIMES. Tout cela ne me regarde pas, nous voulons être en or.

L'ÉLECTRIQUE. Jusqu'au petit père Quatre-Sous qui s'en mêle !...

QUATRE-SOUS, avec dignité. Vingt centimes.

L'ÉLECTRIQUE.

AIR du vin à quatre sous.

Quel air de grand seigneur ,
Monsieur de Vingt-Centimes !
Franchement, tu t'exprimes
Comme un littérateur.
Depuis longtemps, farceur,
Je suis de tes intimes,
Mais je préférais, entre nous,
Ce simple nom de quatre sous,
Lorsque l'on buvait du vin doux
En mangeant de la soupe aux choux.
D'abord, j'aimais le vin à Quatre-Sous,
Mais cela dépend des goûts;
Je m'abonnais aux bains à Quatre-Sous.
Vingt centimes sont, voyez-vous,
Bien au-dessous
De quatre sous.
Vive la pièce de quatre sous !

LE SOU BELGE. Quant à moi...
LE SIÈCLE. Oh! toi...

AIR de l'Ermite.

Rentre au plus vite, va dans ta brasserie
Payer lambick, genièvre et faro,
J'ai vraiment peur, mon cher, que l'on ne crie,
Dans ton pays même, sur toi haro!
Mais, pour ne pas me montrer trop cruel, je
T'engage ici, sans aucun quiproquo,
A t'en aller, hélas! pauvre Sou belge,
　　Dans les États de Monaco.

LA FANTAISIE. Bien parlé!... et vous, rentrez dans le devoir, ne vous révoltez plus contre ce métal précieux.
L'ARGENT. Par exemple! je ne veux pas qu'elles rompent d'une semelle.
TOUS. Non! non!

SCÈNE IV.

LES MÊMES, L'OR.

L'OR. Halte-là! messeigneurs!
TOUS. L'Or!
L'ÉLECTRIQUE. Ah! le magnifique lingot!
L'OR. Ah! vous ne m'attendiez pas, n'est-ce pas? Vous ignoriez que l'Or pénétrait partout, qu'il savait tout, voyait tout...
LE SIÈCLE. Comme le Solitaire.
L'OR. Eh quoi! vous vous liguez, vous conspirez contre moi, pauvres fous! Vous ne me détruirez jamais; vous me forcerez au contraire à me multiplier. J'étais plus rare autrefois, c'est vrai, mais on ne me dédaigne pas trop encore, et je ne cesserai jamais d'être votre maître. Allons, petite monnaie, rentrez dans le devoir, reprenez votre service... (La monnaie passe du côté de l'Or.)
L'ARGENT. Ils m'abandonnent! N'importe! je résisterai tout seul.
LE SIÈCLE. Est-il entêté, mon Dieu! Je sais bien, en y réfléchissant, que l'Or ne vaut pas mieux que l'Argent.
L'OR. Comment?
LE SIÈCLE. Eh! oui. Si vous n'aviez jamais paru sur terre, le genre humain n'en serait pas plus malheureux.
L'ÉLECTRIQUE. Siècle, vous allez trop loin.
L'OR. Laissez-le, je puis entendre la vérité!
LA FANTAISIE. Il en a le moyen.
LE SIÈCLE. Eh bien! mon Or, s'il faut te l'avouer, j'ai entendu dire bien du mal de toi, et par des gens bien désintéressés dans la question...
L'OR. Par qui!
LE SIÈCLE. Par tout le monde.
L'OR. Tu ne m'apprends là rien de nouveau. Je connais depuis longtemps les stupides accusations dont on m'accable... Je veux bien daigner y répondre.

AIR : L'or est une chimère.

On me traite de chimère,
Chacun cherche à me noircir;
De cette injuste colère
Je veux enfin m'affranchir.
En sortant de la terre,
Je crus vous servir... Quelle erreur!

Chacun me fait la guerre
Et m'accuse de son malheur.
Des biens que la Providence
Sur le monde a répandus,
L'homme a détruit l'influence,
Car il en créa l'abus.
L'ignoble ivrognerie
Fait un poison du meilleur vin;
La débauche flétrie
Souille l'amour de ce feu divin.
J'étais l'âme du commerce
Qui, devenant idiot,
Me sacrifie et me verse
Dans les sacs de l'agiot.
L'avare qui m'entasse,
M'étouffe dans ses coffres-forts;
Le prodigue me lasse
En dilapidant des trésors.
Respectez donc ma naissance
Dont l'éclat est sans pareil :
Je naquis par l'alliance
De la terre et du soleil.
Mon essence est si pure
Qu'un simple souffle me ternit;
Cette noble nature,
Sans égard, chacun la salit.
Vous me roulez dans la fange,
Vous me couvrez de limon;
Je devais être votre ange
Et je suis votre démon.
L'or, dit-on, se profane
En ne répandant ses faveurs
Que sur la courtisane
Les intrigants et les menteurs.
C'est faux, car il abandonne
Un jour, ces gens sans honneur,
Et tôt ou tard il couronne
Les efforts du travailleur.

LE SIÈCLE. Ma foi!... je suis convaincu. Vive l'Or! qu'on m'en donne tant qu'on voudra, je le reçois à bureau ouvert.
L'ÉLECTRIQUE. J'accepterai aussi des billets de banque, ça se transporte plus facilement.
L'OR, à l'Argent. Allons, veux-tu revenir à moi franchement, toi, mon lieutenant, mon premier ministre? Contente-toi du second rang; tu t'éclipserais au premier, tu aurais beau faire, tu aurais toujours l'air d'un parvenu! oui, et tu finirais par être détruit au profit de Ruoltz.
L'ARGENT. Vous avez raison, soyons amis... (Il tend la main à l'Or.) Me voilà prêt à te rendre la monnaie de ta pièce.
L'OR. Ne combattons donc plus l'un contre l'autre, unissons-nous au contraire pour le bonheur du genre humain; et si nous ne pouvons détourner le malheur quand il frappe les mortels, soyons toujours prêts à le réparer... (Bruit de tonnerre. Obscurité.) Les éléments déchaînés contre la terre y laissent des traces déplorables de leur passage... Qui peut combattre ces terribles sinistres? C'est l'ange dont nous avons toujours été les plus fidèles soutiens, c'est la Souscription! Invoquons-la au nom de tous ceux qui ont souffert cette année.

CHŒUR.

AIR du Songe.

A la voix qui te prie,
Hâte-toi d'accourir;
Ange aimé, bon génie,
Ici-bas, viens pour nous secourir.

SCÈNE V.

LES MÊMES. LA SOUSCRIPTION.

L'OR. Toi que rien n'arrête, ni découragé, ardente Souscription, viens à nous en toute confiance, nous sommes prêts à verser dans tes mains tout ce que nous retranchons sans regrets sur notre luxe.

L'ARGENT. Et même sur notre nécessaire.

TOUS. Prenez... prenez...

LA SOUSCRIPTION Donnez, mes enfants; mon aumônière, quoique petite en apparence, peut s'agrandir à mesure qu'on la garnit.

LE SOU BELGE. Et moi, god for doum ! je veux donner aussi.

L'ARGENT. Mais puisque tu ne vaux rien.

LA SOUSCRIPTION. C'est égal... je reçois tout... chez moi l'intention est réputée pour le fait.

STANCES.

Non, mon règne ici-bas n'est pas chose éphémère
    Désormais la Souscription,
D'un Dieu compatissant active messagère,
    Devient une religion.
Sur ces fléaux cruels qui déploient leur furie
    On doit verser bien moins de pleurs;
Car on se sent heureux de voir dans sa patrie
    Qu'il existe tant de bons cœurs.
Donnez tous, je reçois avec reconnaissance
    Le riche cadeau du banquier,
Du souverain les dons pleins de magnificence,
    Et l'offrande de l'ouvrier.
Grands et petits journaux, dans cette noble lice,
    Font appel à leurs abonnés.
Citant avec orgueil, comme un beau bénéfice,
    Le nombre des secours donnés.
Ce que l'on appelait autrefois utopie
    Pour le prochain cet amour contesté,
Se révèle aujourd'hui plein de force et de vie
    Résolu par la charité !
Oui, la sainte légende adressée aux apôtres,
    Ce principe d'humanité,
Ces mots divins : Il faut s'aimer les uns les autres,
    Sont enfin une vérité !
Célébrons des héros les glorieux faits d'armes.
    Honneur à leurs exploits guerriers !
Mais ne l'oublions pas, ceux qui sèchent des larmes
    Méritent comme eux des lauriers.

(Le théâtre change et représente un groupe de personnages donnant à la Souscription.)

Neuvième Tableau.

TOUS LES PERSONNAGES.

CHŒUR.

AIR *de la Muette.*

Tu règnes sur la terre,
Et chaque nation
De te servir est fière;
Honneur à la Souscription.

(Le rideau baisse.)

Dixième Tableau.

ENTR'ACTE.

MADAME FROMAGEOT *(placée au balcon dans la salle.)* Dites donc, les autres eh! bien, j'ai été de ma larme... *(A l'ouvreuse.)* Tiens, tant pis, voilà deux sous pour mon petit banc.

L'ENTR'ACTE Qui veut l'Entr'acte ?

MADAME FROMAGEOT. Silence donc ! il nous empêche de causer.

L'ENTR'ACTE. Tiens !.. j'ai le droit de vendre mon journal.

MADAME FROMAGEOT. Fichez-nous la paix... qu'est-ce qui vient nous en..... J'allais dire embêter, je me suis retenue... N'est-ce pas... que vous aimez mieux causer ? après une pièce on aime se raconter ses impressions, — qu'en dites-vous, madame? Ah ! vous ne me connaissez pas, — je suis madame Fromageot, la femme de cet imbécile aux perdreaux...

UNE VOIX. Merci, ma femme !..

MADAME FROMAGEOT. Eh ! mais mon mari est dans la salle. — Ce n'est pas lui — C'est une farce... Ah ! farceur ! je reconnais bien mon monsieur Fromageot... je ne me suis presque jamais trompée à son endroit... il n'y en a pas deux de son acabit...

L'ENTR'ACTE. L'Entr'acte, qui veut l'Entr'acte ?

MADAME FROMAGEOT. Il est assommant ; qu'est-ce qu'on y lit dans cet Entr'acte?.. Des annonces, des réclames à induire le public.

L'ENTR'ACTE. Il y a le nom des acteurs.

MADAME FROMAGEOT. Oh ! voilà ce que je n'aime pas, ça vous ôte toutes vos illusions... Quand je vais au spectacle, je ne sais pas si ça vous fait cet effet-là, monsieur, mais j'aime me persuader que les personnages sont véritables... Par exemple, moi que voilà, croyez-vous que ça serait drôle si je n'étais pas véritablement madame Fromageot... si j'étais une actrice qui vient faire des bêtises pour amuser le public... pendant l'entr'acte, je n'aimerais pas ça, je crierais à la porte...

UNE VOIX, *à l'orchestre.* Madame Boisgontier!... c'est madame Boisgontier !

MADAME FROMAGEOT. Hein ? Oh ! je sais ce que c'est : figurez-vous une drôle d'histoire ; il paraît que je ressemble comme deux gouttes de crème à une des actrices des Folies... je l'ai vue jouer... je ne trouve pas, moi... et vous savez, on ne se connaît pas... je me trouve mieux qu'elle..., et cependant il y a quelque chose..., à preuve que l'autre jour, je passais sur le boulevard..., je venais du marché, j'avais acheté de la crevette.... il y a un gamin qui passe à côté de moi et qui dit : Tiens, c'est cette chère Boigne..., ça m'a vexée... après ça, ça m'est égal ; je ne la déteste pas c'te femme... toutes les fois qu'elle joue, je vais la voir... c'est drôle qu'on ne l'ait pas fait jouer dans cette pièce-là..., j'ai envie de la demander... Le régisseur ! Le régisseur !..

LE RÉGISSEUR, *paraissant et faisant trois saluts.* Messieurs...

MADAME FROMAGEOT. Ça va bien?.. et madame votre épouse ? Tiens, c'est chose..., a-t-il l'air bête ?

LE RÉGISSEUR. C'est à moi que vous adressez la parole ?

MADAME FROMAGEOT. Parbleu ! c'est moi qui vous ai demandé.

LE RÉGISSEUR. Je vous reconnais, c'est vous qui faites toujours du scandale.

MADAME FROMAGEOT. Oui, c'est moi. J'aime le scandale.

LE RÉGISSEUR. Qu'est-ce que vous voulez encore ?

MADAME FROMAGEOT. D'abord, avoir le plaisir de vous voir... Comme il est engraissé ! comme ça se nourrit ces gens-là !

LE RÉGISSEUR. Voilà tout ce que vous avez à me dire... au revoir.

MADAME FROMAGEOT. Non... ne baissez pas la machine, ou je fais un tapage infernal d'abord.

UNE VOIX. Silence, ma femme.

MADAME FROMAGEOT. C'est pas la voix de mon mari... Qui est-ce qui se permet de m'appeler sa femme sans en avoir le droit ?..

LE RÉGISSEUR. Au rideau !

MADAME FROMAGEOT. Mais... j'ai une réclamation à faire...

LE RÉGISSEUR. Parlez, madame, mais dépêchez-vous.

MADAME FROMAGEOT. Est-il pressé donc !.. nous avons le temps nous autres... Je voulais vous faire des compliments sur votre pièce, est-ce que tout ça est arrivé ?... C'est égal... j'aime ça... Que ces auteurs sont heureux d'avoir de l'esprit ! ça fait qu'ils peuvent dire des bêtises... Mais c'est pas tout ça... pourquoi que vous ne faites pas jouer là dedans cette grande belle à qui je ressemble ?

LE RÉGISSEUR. Madame, je ne peux pas voir d'ici.

MADAME FROMAGEOT. Prenez une lorgnette.

LE RÉGISSEUR. Ah ! oui..... une..... oh ! c'est particulier, c'est tout à fait ça, Mlle Deschamps ! c'est frappant...

MADAME FROMAGEOT. Eh non, Mme Boisgontier : est-il cruche !...

LE RÉGISSEUR. Ah !... mais il y a quelque chose...

MADAME FROMAGEOT. Pourquoi ne joue-t-elle pas là-dedans ? Je veux qu'on me la donne ; j'ai acheté un bouquet que je lui destine.

LE RÉGISSEUR. Eh bien, gardez-le, votre bouquet... L'administration n'a pas jugé convenable de distribuer un rôle à cette artiste, et l'on n'est pas forcé de rendre compte au public de ces détails administratifs.

LA VOIX. Il a raison, ma femme.

MADAME FROMAGEOT. Puisque ce n'est pas ton organe... parle avec ta voix... si tu veux que je te reconnaisse... Eh bien, si on ne fait pas jouer cette femme-là, je ne remets plus les pieds ici... vous entendez, voilà ce que vous gagnerez à ça... une place de deux francs que vous perdrez...

LE RÉGISSEUR. Madame, l'administration est au-dessus de ce déficit.

MADAME FROMAGEOT. Eh bien, je m'en vais tout de suite, et je vends ma contre-marque, pour que vous n'ayez pas le bénéfice de mon emplacement. (*Au public.*) Je regrette la société certainement qui est très-aimable ; mais le régisseur, oh ! la la, ah ! (*Elle se lève.*)

LA VOIX. Attends, que je te reconduise, ma femme.

MADAME FROMAGEOT. Ah ! c'est ta voix, je la reconnais...

LA VOIX. C'est que je mangeais des marrons ; c'est ça qui en altérait le timbre..

MADAME FROMAGEOT. Des marrons ! il va s'étouffer....

LA VOIX. Je t'offre un rafraîchissement..... une glace...

MADAME FROMAGEOT. Des glaces !..voilà tout ce que me paye mon mari... Allons-y gaîment... tiens, je dis le titre de leur pièce... ils me l'ont volé... le mot est de moi : je le réclame.

ACTE III.

Onzième tableau.

UNE VUE DU BOULEVARD DU TEMPLE.

SCÈNE PREMIÈRE.

AFFICHEURS, L'AFFICHE, puis LE SIÈCLE.

L'AFFICHE. Bien, mes enfants : à la colle l'Affiche reconnaissante. Répandez-moi sur tous les murs de la capitale et faites-leur en voir de toutes les couleurs. (*Les afficheurs sortent.*)

LE SIÈCLE, *entrant.* L'Affiche ! où est l'Affiche ?

L'AFFICHE. Que me veux-tu ?

LE SIÈCLE. Figurez-vous que je comptais sur la Fantaisie pour me montrer les nouveautés dramatiques de l'année... Eh bien ! je l'ai égarée ainsi que l'Électrique.

L'AFFICHE. Rapporte-t'en à moi, tu n'as qu'à me parcourir du bas en haut, et tu n'auras que l'embarras du choix. Jamais l'année n'a été si fertile en succès.

LE SIÈCLE. Le fait est qu'elle en a plein le dos.

AIR : *Tu ne vois pas.*

Grand succès au Grand-Opéra,
Succès à l'Opéra-Comique,
Succès à l'Opéra-Buffa,
Succès au Théâtre Lyrique,
Succès au Théâtre-Français.

L'AFFICHE.

En succès le Théâtre est riche.

LE SIÈCLE.

Oui, mais j'ai peur que ces succès
Ne soient que des succès d'affiche.

L'AFFICHE. Les Théâtres sont chez Chapard, en train de banqueter en l'honneur de Molière, et ils m'ont promis de se rendre ici après le pousse-café. Tiens, voici déjà l'avant-garde.

CHŒUR.

AIR *du Portrait du diable.*

Nous sommes les Théâtres
Qu'on recherche à Paris,
Sérieux et folâtres,
Nous valons notre prix.

LE SIÈCLE. Commençons bien vite nos observations. (*Montrant la Tour.*) D'abord, quelle est cette dame si bien faite autour ?

POT-A-COLLE. La Tour Saint-Jacques-la-Boucherie : un vieux monument avec lequel on a fait une vieille pièce, où se trouvent un vieux sujet, de vieux décors, de vieux costumes et de vieilles ficelles.

Air : *Qu'il est flatteur.*

On comptait au Cirque Olympique
Que de cette tour le retour
Produirait son effet magique
Sur tout le public d'alentour,
De la Trinité jusqu'à Pâques
Que l'on y viendrait tour à tour.
Pauvre auteur de la Tour Saint-Jacques,
Ta Tour nous a fait voir le tour.

LE SIÈCLE. Alors, je n'y jouerai pas même rue pourtour. (*Montrant André et Planterose.*) Et ces deux déguenillés?
PLANTEROSE. La charité, s'il vous plaît!
LE SIÈCLE. Permettez...
ANDRÉ. La charité, s'il vous plaît!
LE SIÈCLE. Mais encore...
PLANTEROSE et ANDRÉ, *ensemble.* La charité, s'il vous plaît!
LE SIÈCLE. Ah! ils n'auront qu'un sou.
POT-A-COLLE. C'est justement ce qu'ils demandent... Ce sont les Pauvres de Paris.
LE SIÈCLE. Ce n'est pas une raison pour me corner aux oreilles l'air des Bœufs.
POT-A-COLLE. Pardon... ils te feraient pleurer avec l'air des Bœufs comme un veau.

Air : *J'en guette*, etc.

Ce drame-là fit grand tapage,
Et les auteurs, sans contredit,
Nous ont prouvé par leur ouvrage
Qu'ils n'étaient pas pauvres d'esprit!

LE SIÈCLE.

Pardonnez-moi si je vous importune,
Mais convenez qu'on doit être surpris
Qu'avec les pauvres de Paris
Un théâtre ait cherché fortune!

(*Paraît le Vaudeville.*)

LE SIÈCLE. Eh! quelle est cette dame si bien fleurie qui s'avance vers nous?
POT-A-COLLE. C'est le Vaudeville.
LE SIÈCLE. Qu'il soit le bienvenu... j'ai toujours aimé cet enfant né malin, et s'il n'a pas dérogé à ses anciennes traditions, si ses spectacles sont toujours aussi intéressants, aussi variés...
LE VAUDEVILLE. Variés! mais c'est par la variété que je brillerai toujours.

Air *de Carlo et Carlin.*

De mon théâtre on fera cas,
Car sans craindre les embarras,
Sans anicroche et sans tracas
Toujours je ferai du fracas.
Chez moi, bon public, tu verras
D'abord la *Dame aux camélias*;
Pour changer ce spectacle-là,
Les *Filles de marbre* on jouera;
Le lendemain j'étends les bras
A la *Dame aux camélias*,
L'ouvrage qui succédera
Les *Filles de marbre* sera;
Si le spectateur en est las,
On a la *Dame aux camélias*,
Qui, sur-le-champ, remplacera
Les *Filles de marbre* qu'on a
Reprises pour céder le pas
A la *Dame aux camélias*,
Qui, ne faisant plus de flafla,
Aux *Filles de marbre* n'a qu'à
Céder pied, lorsque de là-bas
Revient la *Dame aux camélias.*

Chacune de ces pièces-là
A mon théâtre brillera,
Car; tour à tour, quand on aura
Vu chaque ouvrage on finira
Par mettre dans le même tas
Les *Filles de marbre* et la *Dame aux camélias.*

LE SIÈCLE. Voilà un bon théâtre pour ceux qui aiment ces pièces-là.
POT-A-COLLE. Et, c'est là tout son répertoire?
LE VAUDEVILLE. Oh! que nenni!... il me reste à vous présenter le plus beau fleuron de ma couronne, le grand succès du jour.

SCÈNE II.

LES MÊMES, LES FAUX BONSHOMMES.

(*Paraissent deux messieurs portant des faux nez.*)

ENSEMBLE.

Air *de Robert le Diable.*

C'est nous qui sommes

LE SIÈCLE ET POT-A-COLLE.

Quels sont ces hommes?

LES AUTRES.

De très-bons hommes.

LE SIÈCLE ET POT-A-COLLE.

Ah! les bons hommes!

LES AUTRES.

Chacun renomme

LE SIÈCLE ET POT-A-COLLE.

Chacun renomme?

LES AUTRES.

Notre succès.

LE VAUDEVILLE.

Et sans regrets,
Je leur promets
Reconnaissance
Et bienveillance
En récompense
De leurs bienfaits.

LE SIÈCLE. Ah! ces aquilins sont...
LE VAUDEVILLE. Les favoris du public.
POT-A-COLLE. Ces favoris ont de bien belles moustaches.
UN FAUX BONHOMME *au Siècle.* Que vous êtes joli!
DEUXIÈME FAUX BONHOMME. Que vous me semblez beau!
PREMIER FAUX BONHOMME. Sans mentir, si votre ramage!...
DEUXIÈME FAUX BONHOMME. Se rapporte à votre visage...
LE SIÈCLE. Quel dommage que je n'aie pas un fromage!
LE VAUDEVILLE. Tu vois comme ils sont aimables; seulement, gare au revers de la médaille! (*Aux faux bonshommes.*) Attention, vous autres! Y êtes-vous?
LES AUTRES. Oui!...

LE VAUDEVILLE. Alors, enlevez nez!

(Ils ôtent leur nez et se montrent avec leur figure naturelle qui porte l'empreinte de la plus grande férocité.)

LE SIÈCLE allant à eux. Mes bons messieurs, croyez bien que... (reculant épouvanté). Ah ! quelles faces patibulaires !

PREMIER FAUX BONHOMME.

AIR : *Ah! ce cadeau-là*, etc.

Vous n'êtes qu'un vieux cornichon.

DEUXIÈME FAUX BONHOMME.

Un sot que l'on engeôle.

PREMIER FAUX BONHOMME.

Un savoyard, un polisson,

DEUXIÈME FAUX BONHOMME.

Un animal, un drôle.

LE SIÈCLE.

Mais quels sont donc ces gens-là?

LE VAUDEVILLE.

Mes chers amis, voilà
Les héros de ma scène.

LE SIÈCLE.

Avec leurs nez
Ils paraissaient bien nés,
Pourquoi sont-ils tournés
A la haine?

LE VAUDEVILLE.

Du monde c'est le vrai portrait.

LE SIÈCLE.

Ça me fait de la peine.
S'il est ressemblant, le monde est
Quelque chose de laid.
Oui, de leur air rébarbatif
Malgré moi je tressaille ;
Depuis qu'ils ont ôté leur pif,
Ils ont l'air bien canaille,
Canaille ! (bis)

LE SIÈCLE. Ainsi, selon toi, la société ne serait composée que de faux nez?

LE VAUDEVILLE. Sans doute. La vie est un carnaval perpétuel, et quand vous aurez bien mûri mon chef-d'œuvre, vous ne pourrez plus rien voir de bien dans le monde ; un ami viendra-t-il vous serrer la main? vous vous direz : Il me trompe.

PREMIER FAUX BONHOMME. Faux bonhomme !

LE VAUDEVILLE. Une femme vous donnera-t-elle des preuves de dévouement? vous supposerez qu'elle a une arrière-pensée.

DEUXIÈME FAUX BONHOMME. Faux bonhomme ; non, fausse bonne femme !

LE VAUDEVILLE. Un de vos parents viendra-t-il vous rendre visite? vous penserez qu'il en veut à votre héritage.

LES DEUX FAUX BONSHOMMES. Faux bonshommes !

LE SIÈCLE. Ah çà, mais c'est à piquer une tête du haut d'un rocher du bois de Boulogne !

LE VAUDEVILLE. N'est-ce pas que c'est navrant? Eh bien, voilà ce qui fait le charme de cette pièce.

LES DEUX FAUX BONSHOMMES. Faux bons hommes !

L'AFFICHE. On se presse pourtant d'aller la voir.

LE VAUDEVILLE. Mais je ne resterai pas dans cette voie pénible, et ne veux pas que mes auteurs comptent que je donnerai toujours asile à leur mauvaise humeur.

AIR *de Colatto*.

Persuader que la sincérité
De cette terre est à jamais bannie,
Si par malheur c'est une vérité,
Ce serait de chagrin abreuver cette vie.
Illusion qui fait voir tout en beau,
Toi seule rends heureuse l'innocence ;
De tes erreurs, qui charment l'existence,
Je ne veux plus qu'on ôte le bandeau.

Mais en ce moment, je dirai pour toute satisfaction... 4,000 fr. de recette... heureux théâtre ! heureux caissier !

ENSEMBLE.

AIR : *reprise de : Ah! c' cadet-là !*

Quoique l'on médise de nous,
Vivent les Faux Bonshommes !
En encaissant de grosses sommes,
Ils font bien des jaloux.

(*Tous sortent, excepté le* Siècle *et* Pot-à-Colle.)

SCÈNE III.

LE SIÈCLE, L'AFFICHE, puis LES DEUX MAMANS.

LE SIÈCLE. Il m'a rembruni avec ses faux bonshommes... Je vois tout en noir.

L'AFFICHE. Alors, c'est le vrai moment de t'exhiber le *Fils de la Nuit*.

LE SIÈCLE. Le *Fils de la Nuit* !

L'AFFICHE. Un drame plus que centenaire, du théâtre de la Porte-Saint-Martin.

LE SIÈCLE. Pourquoi l'a-t-on appelé *le Fils de la Nuit* ?

L'AFFICHE. Parce qu'il a une mèche blanche.

LE SIÈCLE. Ce titre me semble bien tiré par les cheveux.

L'AFFICHE. Ça se démêle. Figure-toi qu'une petite dame fort rageuse a été si bonne pour un grand vilain seigneur, qu'il en est résulté un produit masculin.

LE SIÈCLE. Comme c'est neuf !

L'AFFICHE. Premier moutard. — Une autre dame plus grande et moins rageuse a cédé aux risettes d'un autre moins vilain seigneur et... deuxième moutard. Le vilain seigneur vole le moutard numéro un et fait remettre au beau seigneur le moutard numéro deux.

LE SIÈCLE. Une substitution d'enfants, ça ne s'est jamais vu au théâtre.

L'AFFICHE. Je passerai sous silence les brigandages du Fils de la Nuit; le brick qui, par suite de nouveaux travaux, vire de bas-bord à tribord pour arriver tout de suite à la scène des deux mamans.

LE SIÈCLE. D'autant plus qu'on dit que ce sont de bien belles femmes.

L'AFFICHE. Les voici.

(Entre d'abord Béta, puis Qu'tes Bel.)

BÉTA. Si elle a mon secret, je le lui extirperai; elle ne verra pas sans pitié le nuage qui me tintouine. Qu'tes Bel.

QU'TES-BEL. Que veut mâme la comtesse?

BÉTA. Je voulais te prier de descendre chez mon concierge pour voir si le facteur a déposé un almanach. Tu as l'air chose.

QU'TES-BEL. Possible, car mâme la comtesse n'a mangé ce matin que six côtelettes, huit biftecks, douze filets de bœuf, vingt-deux fricandeaux et trente-six pieds de mouton.

BÉTA. Je n'avais pas faim. Je n'ai que soif. Garçon! une canette! Non, j'aime mieux te raconter un cauchemar. Donnes-tu dans les cauchemars?

QU'TES-BEL. Sur un cauchemar on a prédit à papa qu'il perdrait son chien, et il l'a retrouvé.

BÉTA. Figure-toi que cette nuit, sur les trois heures, trois heures et quart, j'ai revu le père Scylla.

QU'TES-BEL. Vraiment?... comment était-il?

BÉTA. Il n'avait ni habit, ni gilet, ni chapeau, ni cravate, ni souliers, ni bretelles, ni...

QU'TES-BEL. Assez... et que vous fit-il?

BÉTA. Il me donna un grand coup de poing dans le dos et me dit que ce fils que j'ai nommé mon fils n'était pas mon fils, que c'était l'autre fils qui était bien mon fils; que ce fils avait été ton fils, et que mon fils était à présent mon fils.

QU'TES-BEL. C'est une couleur... ne coupez pas dedans.

BÉTA. Qu'tes-Bel, regarde-moi bien entre les deux yeux.

QU'TES-BEL. C'est votre fils, madame.

BÉTA. Tu louches. Jure-le-moi sur cette écume de mer qui me vient de son père.

QU'TES-BEL. C'est votre fils, madame.

BÉTA. Pourtant il a la mèche de Scylla, et s'il l'a, c'est Scylla.

QU'TES-BEL. C'est votre fils, madame.

BÉTA. Sapristi!... ça me contrarie, car c'est un fier chenapan. Hier, il a chipé des pruneaux à l'épicier d'en face.

QU'TES-BEL, à part. Elle le sait.

BÉTA. Il a attaché une casserole à la queue du chien de la portière.

QU'TES-BEL, à part. Elle le sait.

BÉTA. Il m'a traitée de girafe.

QU'TES-BEL, à part. Me laisser crêper ainsi. (Haut.) Taisez-vous.

BÉTA. Il a été voir les Aventures de Mandrin.

QU'TES-BEL. Taisez-vous.

BÉTA. Il a été voir Marie Stuart en Écosse.

QU'TES-BEL. Taisez-vous.

BÉTA. Il a été hier au théâtre du Luxembourg.

QU'TES-BEL. Oh! taisez-vous! je suis sa mère!... Ah! j'ai escoffié mon enfant.

LE SIÈCLE. Ne tombe pas. Ce n'est pas quand on a eu cent cent cinquante représentations qu'on tombe. (Polka. Les deux mamans sortent.)

SCÈNE IV.

LE SIÈCLE, L'AFFICHE, puis L'AVOCAT DES PAUVRES.

LE SIÈCLE. Je voudrais bien voir les autres Théâtres de Paris.

L'AFFICHE. Je te répète qu'ils sont chez Chapard en train de prononcer des discours, et ils en ont au moins pour trois jours.

L'AVOCAT, entrant. Qu'est-ce qui a dit cela? Je viens plaider leur cause.

(Scène d'imitation de Mélingue. L'Avocat sort.)

LE SIÈCLE. J'aime assez cet avocat, je lui confierai mes procès.

L'AFFICHE. C'est un enfant chéri du public.

LE SIÈCLE. En fait d'enfants, il doit y en avoir d'autres.

L'AFFICHE. Oui, d'abord les enfants du théâtre des Variétés.

LE SIÈCLE. Les enfants de troupe?

L'AFFICHE. Non. Les enfants de troupe ne viennent que par bouffées. Ceux-ci s'appellent les Enfants terribles.

(Titine, Toto et Guguste entrent très-brusquement.)

TITINE, TOTO ET GUGUSTE.

AIR du Domino noir.

Ah! quels tourments!
C'est un vrai guet-apens!
Depuis assez longtemps
On nous traite en enfants.
Rebiffons-nous un peu
Et montrons-nous, morbleu!
De cette trahison,
Tâchons d'avoir raison.

L'AFFICHE. Quels démons!

LE SIÈCLE. Ils sont si jeunes!

TOTO. Ah! oui... bien jeunes!... on me presserait le bout du nez qu'il en sortirait du lait.

TITINE. Et moi donc!... je crois encore que les enfants viennent sous des choux.

GUGUSTE. Et moi... humph!... humph! Seigneur je! mon Dieu je!

L'AFFICHE. N'est-ce pas, qu'ils ne paraissent pas leur âge?

LE SIÈCLE. Non... ils paraissent beaucoup plus.

TOTO. Je veux jouer à l'âne, moi na!... (Au Siècle.) Dis donc, monsieur, mets-toi à quatre pattes, que je te grimpe sur le dos.

LE SIÈCLE. Merci!... il est trop lourd.

TITINE. Alors laissez-moi marcher sur le gigot.
L'AFFICHE. Sur le manche seulement ?
GUGUSTE. Humph !... humph ! seigneur-je ! — Mon Dieu-je !
LE SIÈCLE. Voyons ! soyez gentils : contez-moi votre petite pièce et je vous payerai des sucres d'orge à l'absinthe.
GUGUSTE. Humph !...humph !... seign...
LE SIÈCLE. Non, pas vous. La petite.
TITINE. Je ne sais si j'oserai... à mon âge, on est si timide... Ah ! bah ! allons-y.

AIR du Carillon.

Je raconte à ma mère
Les farces de mon père.

TOTO.

Je dis au monsieur, sais-tu quoi ?
Qu'on vous a fait...

L'AFFICHE.

Tais-toi !
Cette idée est charmante,
Je comprends qu'on la vante ;
Elle est, en vérité,
Pleine de moralité.

TITINE.

J'dis à papa : Qu't'es bête !

TOTO.

Moi, j'lui tap' sur la tête.

TITINE.

J'soutiens qu'il a l'air vieux
Et qu'il n'a pas d'cheveux.

LE SIÈCLE.

C'est vraiment admirable :
Ce dialogue aimable
Doit apprendre aux enfants
A respecter leurs parents.

TITINE, montrant Guguste.

Au lieu de cassonnade,
Dans une limonade
Pour son oncle il a mis
Un sou plein d'vert de gris.

LE SIÈCLE.

Mais ces enfants terribles
Sont des enfants horribles.

L'AFFICHE.

Le public en a ri,

LES ENFANTS.

Faisons donc comme lui.

L'AFFICHE.

Car, malgré la critique,
La pièce est fort comique.

LE SIÈCLE.

Grâce au Charivari
Et surtout à Gavarni.

TOTO. A Gavarni !... C'est-à-dire que nous sommes des pillards, des plagiaires, vous l'entendez ! on outrage notre dignité d'enfants... Tombons dessus.
TITINE. Ah ! une peignée !... Décampons.

(*Elle s'enfuit.*)

TOTO ET GUGUSTE.

Air de la Fanchonnette.

Messieurs, messieurs ! vraiment vous êtes
De vrais manants.

LES UNS.

Apaisez-vous.

LES AUTRES.

Non. La moutarde est à nos têtes,

LES UNS.

Calmez ici ce grand courroux.

LES AUTRES.

Allons !... en garde !... alignez-vous !

LES UNS.

Ce sont là de terribles fous.

LES AUTRES.

Allons !... en garde !... alignez-vous !

(*Ils vont se précipiter sur le Siècle et Pot-à-Colle, quand la Fanchonnette paraît et les arrête. Tableau simulé de l'Opéra.*)

Douzième tableau.

SCÈNE PREMIÈRE.

LES MÊMES. FANCHONNETTE, puis UN BON VIEILLARD, ensuite LE TÉNOR.

FANCHONNETTE.

Air de la Fanchonnette.

Qu'avez-vous ? pourquoi ces atouts.
Avez-vous donc perdu la carte
Ou bûtes-vous comme des trous ?

LES ENFANTS.

Devant nos coups qu'on s'écarte !

FANCHONNETTE.

Je viens, moutards trop dangereux,
Empêchant des luttes atroces,
Vous préserver de quelques bosses
Et d'une quantité de bleus !

Air de Fanchonnette.

Risquer sa tête,
Quelle boulette !
Sans nul orgueil,
Se pocher l'œil
Et la figure,
C'est, je vous jure,
Agir enfin
Comme un vrai daim !

ENSEMBLE (REPRISE).

FANCHONNETTE.

Risquer sa tête,
Quelle boulette ! etc., etc.

LES AUTRES.

Risquer sa tête,
Quelle boulette ! etc., etc.

LE SIÈCLE. Vous avez bien fait de nous séparer, sans cela, je renouvellerais à leur détriment le massacre des innocents... Mais à qui avons-nous l'honneur?...

FANCHONNETTE. Qui je suis?

Air de Fanchon.

Au boulevard du Temple
Le soir, on me contemple;
J'y brave le qu'en dira-t-on.
Aussi les bonnes âmes
De tous les côtés, sans façon,
Applaudissent les gammes,
Les gammes de Fanchon.

LE SIÈCLE. C'est Fanchon la vielleuse!

FANCHONNETTE.

Air : *Tu vas quitter*, etc.

Non, non. C'est une erreur inique,
Je suis un ouvrage vanté
Qui, pour un endroit plus lyrique,
Quitta, l'autre jour, la Gaîté.

LE SIÈCLE. C'est la Grâce de Dieu.

FANCHONNETTE.

Air de Fanchonnette.

Je suis de même famille
Que Marie et que Fanchon,
Mais on me dit plus gentille
Et surtout de meilleur ton.
Ah! ah! c'est Fanchonnette
Que vous voyez là,
Larirette!
Ah! ah! la Fanchonnette
Vous chansonnera,
Larira!

TOUS.

REPRISE.

Ah! ah! c'est la Fanchonnette,
Applaudissons-là!

LE DRÔLE DE VIEILLARD, *entrant et allant au Siècle.* Argent!

LE SIÈCLE. Hein? pour qui?

LE DRÔLE DE VIEILLARD. Vous!

LE SIÈCLE. Qui me l'envoie?

LE DRÔLE DE VIEILLARD. Tante!

(*Il sort.*)

LE SIÈCLE. Qu'est-ce que c'est que ce vieux bas chiné?

FANCHONNETTE. C'est un drôle... un drôle de vieillard. Le nœud de mon intrigue... Grâce à cet être gothique, je fais un sort à un ténor que j'aime, et qui, malheur! en ce moment même, ô douleur suprême! ô cruel martyre! ô fatal délire! ne peut pas me sentir.

LE SIÈCLE. Dites donc, est-ce qu'il n'y aurait pas moyen de voir votre ténor?

FANCHONNETTE. Si fait. (*Bruit de trompette.*) Je l'entends qui se mouche... Ah! c'est qu'il est bien heureux, le gamin!... il vient de parvenir aux grades les plus élevés de l'armée.

LE TÉNOR, *entrant.*

Air de Fanchonnette.

Caporal! je suis caporal!
Saluez, voisins et voisines!
Maintenant, sur moi quel régal,
Je puis me payer des sardines.
Caporal!
Je suis caporal!

FANCHONNETTE. Qu'il est beau! et comme le bonheur ennoblit ses traits!

LE DRÔLE DE VIEILLARD, *revenant.* Argent!

LE SIÈCLE. Mais pour qui?

LE DRÔLE DE VIEILLARD. Vous!

LE SIÈCLE. Qui me l'envoie?

LE DRÔLE DE VIEILLARD. Tante! (*Il sort.*)

LE SIÈCLE. Il est insipide avec ses monosyllabes... Continuez... Vous étiez en train de nous chanter...

FANCHONNETTE.

Air de Fanchonnette.

Monsieur Jean était un portier
Du faubourg Saint-Antoine,
Des portiers c'était le premier
Aussi gras qu'un chanoine!

LE SIÈCLE. Non pas ça.

Air du Boléro.

Saute, fillette,
La serinette
Joue allégro,
Celui qui t'aime,
Ton bien suprême,
Est porteur d'eau.

LE DRÔLE DE VIEILLARD, *revenant.* Argent! vous! tante!...

LE SIÈCLE, *furieux.* Encore le vieux! je demande qu'on le musèle...

FANCHONNETTE.

Air de la Fanchonnette.

Si cette prose peu lyrique
Manque de verve, excusez-la,
Mon cher; un opéra-comique
Ne peut donner que ce qu'il a.
La cantatrice au doux ramage,
Dont le talent nous captiva,
A fait le succès de l'ouvrage
En vous donnant ce qu'elle a.
Elle a tout mis dans cet ouvrage,
Et c'est beaucoup tout ce qu'elle a.

TOUS.

REPRISE.

Ah! ah! c'est la Fanchonnette,
Applaudissons-la,
Larira!

LE SIÈCLE. Plus je regarde cette Fanchonnette, et plus il me semble... Eh! mais c'est la Fantaisie.

LA FANTAISIE. Elle-même, qui a voulu te prouver que cet ouvrage était un opéra de haute fantaisie. Eh bien, que dis-tu des nouveautés de l'année?

LE SIÈCLE. Je dis que cette excellente Bissextile n'a pas eu trop d'un jour de plus pour accomplir tous ces miracles.

LA FANTAISIE. Viens donc dans mon empire!

Le théâtre change.

Quatorzième tableau.
LE PALAIS DE LA FANTAISIE.
SCÈNE DERNIÈRE.

TOUS LES PERSONNAGES DE LA REVUE.

VAUDEVILLE FINAL.

CHŒUR.

Refrain charmant,
Plein d'agrément,
Qu'on te répète
Et te crie à tue-tête;
Et rondement,
En ce moment,
Chantons, amis, tous allons-y gaîment.

L'AFFICHE.

Sur le boul'vard, en galant chevalier,
Jadis l'amour v'nait attendre sa belle,
Sur le boul'vard maintenant le boursier
Pour s'enrichir n'attend plus que sa belle.

LE VIEILLARD.

La librairie offre un fier débouché
A tous les gens qui se mêlent d'écrire,
Un franc l' volume, c'est assez bon marché,
C' qui coût' le plus, je crois, c'est de les lire.

FAUX BONSHOMME.

On vient d'abattr' la Clos'rie des Lilas,
J' crois qu'on en fait autant d' la Grand'Chaumière,
Ne sachant plus où fair' leurs premiers pas,
Que d'étudiants vont manquer leur carrière.

L'ÉLECTRIQUE.

Les agents d' change ont des profits très beaux,
J'en vois plusieurs mêm' qui roulent voiture,
Comme clients ils peuv'nt prendre leurs chevaux,
Car presque tous ont une couverture.

TOTO.

Des homm's célèbr's je sais qu' facilement
On fait maint'nant de laid's caricatures,
Ça n' m'étonne pas, car généralement
Les homm's célèbr's ont d' bien vilain's figures.

LE SIÈCLE.

Toi, d'Antony le père glorieux,
Pour un échec le jaloux te condamne,
Va, ne crains rien, tes triomphes nombreux
Résisteront aux coups de pieds de l'âne.

BÉTA.

Sans consommer, dans un café-concert,
Avec plaisir j'entendrais la musique,
Et j' consomm'rais dans un café-concert
Si l'on voulait n'y pas fair' de musique.

LE VAUDEVILLE.

Dans Jane Grey, drame encor tout nouveau,
Et qui n'est pas peut-être sans reproche,
On peut du moins admirer un tableau :
C'est le tableau fait par Paul Delaroche.

L'AVOCAT.

L'invention brille d'un vif éclat,
Les inventeurs ont une chance unique;
Je voudrais bien décorer d'un crachat
Celui qui fit le crachoir hygiénique.

LE TÉNOR.

On craint de voir crever les p'tits ballons,
Sitôt qu'en l'air les p'tits ballons s'enlèvent;
J'ai vu jadis enlever des ballons
Sans que l'on ait jamais peur qu'ils ne crèvent.

QUATRE SOUS.

Pour vingt centim's je ne sais pas comment
Ce soir, messieurs, vous donner des étrennes,
Si vous vouliez vous pourriez aisément
Par un bravo, tous me donner les miennes.

LA FANTAISIE.

Nous n'avons pas eu la prétention
Dans nos couplets sur autrui de médire,
Non, croyez-bien que notre intention
Était ce soir de nous faire un peu rire.

Et si Messieurs, en ce moment,
Notre revue
N'est pas une bévue
A vos amis, complaisamment,
Dites vraiment
Tous allons-y gaîment.

FIN.

PARIS. — IMPRIMERIE WALDER, RUE BONAPARTE, 44.

PARIS. — IMPRIMERIE WALDER, RUE BONAPARTE, 44.

www.ingramcontent.com/pod-product-compliance
Lightning Source LLC
Chambersburg PA
CBHW060712050426
42451CB00010B/1404